ベーシック流通論

2ND EDITION 第2版

井上崇通・村松潤一・庄司真人 編著

同文舘出版

執筆者紹介（章編成順，◎は編集責任者，2023 年 3 月 30 日現在）

◎井上崇通（明治大学名誉教授）　　　　　　　　　　　第 1 章

　河内俊樹（松山大学経営学部准教授）　　　　　　　　第 2 章

◎庄司真人（高千穂大学商学部教授）　　　　　　　　　第 3 章

　余　漢燮（明治大学商学部兼任講師）　　　　　　　　第 4 章

　石川和男（専修大学商学部教授）　　　　　　　　　　第 5 章

　菊池一夫（明治大学商学部教授）　　　　　　　　　　第 6 章

　金澤敦史（愛知学院大学経営学部准教授）　　　　　　第 6 章

　田口尚史（茨城キリスト教大学経営学部教授）　　　　第 7 章

　大藪　亮（岡山理科大学経営学部教授）　　　　　　　第 8 章

　今村一真（茨城大学人文社会科学部教授）　　　　　　第 9 章

　村上真理（九州国際大学現代ビジネス学部教授）　　　第 10 章

　藤岡芳郎（大阪産業大学経営学部教授）　　　　　　　第 11 章

　柯　麗華（静岡県立農林環境専門職大学生産環境経営学部教授）第 12 章

　山口隆久（岡山理科大学経営学部教授）　　　　　　　第 13 章

　謝　憲文（元名城大学経営学部教授）　　　　　　　　第 14 章

◎村松潤一（岐阜聖徳学園大学経済情報学部教授）　　　第 15 章

第2版の刊行に寄せて

　本書の初版を出版してから早くも8年が経過した。本書は流通に関する多くの書籍が出ている中で出版当初から多くの読者に支えられ，増刷を重ねてきた。現時点でも初版の異議は十分にあると考えている。

　しかし，流通や商業の世界で大きく変化する状況が発生した。2019年頃から発生し，世界的に影響を与えたCOVID-19によって人々の行動様式が大きく変化し，流通の世界では一挙にデジタル化が進展したといえる。

　かねてよりデータを活用した流通は登場していたが，その変化が大きいこともあり，また読者の関心も高いことを踏まえて，本書についてもデジタル化の視点から，必要な箇所を加筆したところである。読者には今後の展開を見ながら，大きく変化しているこの分野について考えていただきたい。

　改訂版の出版においては，同文舘出版株式会社の青柳裕之氏に多大なるご支援をいただいた。短期間での改訂作業が進んだのも青柳氏の迅速でていねいな編集作業によるものである。心より感謝申し上げたい。

2023年3月

編著者　井上　崇通

村松　潤一

庄司　真人

はじめに

　流通に関わる活動は，我々にとって最も身近な経済活動であるといえる。日常の消費生活の基盤を提供してくれているのは，日々の買い物行動でありそれに基づく消費行動である。この流通環境が，今日，その規模においてもスピードにおいても劇的に変化してきている。

　まず，取り上げることのできる特徴は，情報化の進展である。これは，B2B，B2C にみられるデータ交換の仕組みに顕著に表れており，顧客データ管理という側面にも変化をもたらしている。さらには，今日のインターネットの進展も忘れることはできない。

　次に指摘することのできる変化は，国際化である。今日，我が国の多くのメーカーおよび流通業が海外で事業を展開している。その姿は，単に先進国にとどまらず，新興国と呼ばれる新たなマーケットへの進出にも見出すことができる。もちろん，海外の流通業の我が国への進出も重要である。ここにも，グローバルな視点からの情報化の問題が関係してくる。

　さらには，地域づくりや街づくりといったローカルな問題と流通業のつながりも無視することはできない。ここでは，高齢化・少子化の問題にとどまらず，地域の衰退への歯止め効果としての流通業への期待なども重要な課題といえる。

　もちろん，このような現状を的確に把握するためには，基本的な知識の習得とそれに基づく理論的な思考が求められることとなる。そこで，上述した問題意識のもと，本書は，次のようなさまざまな視点から流通の問題を取り上げていく。

　第1章では，流通研究のための基本的知識の習得を目的とすると共に，本書を理解するための道標を提供する。具体的には，流通の定義を詳説し，伝統的な流通研究の方法を紹介し，さらに，生産と消費の間に存在する各種のギャップを解明すると共に，そのギャップを橋渡しするための流通機能および流通機

構の役割と具体的な姿について解説していく。

　第2章および第3章では小売業について取り上げる。まず，第2章では，小売業を取り上げる。流通機構の中でもっとも我々になじみ深いのが小売業である。そこで，小売りとは何か，小売業とは何かという基本的な理解が必要となる。本章では，小売りおよび小売業の定義，小売業の役割を理解してもらい，さらに，小売業の分類，各種の小売業態の特徴について明らかにしていく。

　第3章では，小売業の経営について解説していく。小売業は我々の生活と密着していることを鑑み，どのようにして日々営業されているのかを理解することは非常に重要である。本章では，今日の小売業の特徴として指摘されるコングロマリット化，PB開発，SC開発，さらには，マーチャンダイジング，店舗レイアウトについても言及していく。

　第4章および第5章では，卸売業について取り上げる。卸売業は身近な存在でありながらその姿を理解しているとはいえない領域である。そこで，第4章では，まず卸売りおよび卸売業の定義を取り上げ，次に，卸売業の諸機能を解説すると共に，さまざまな卸売業のタイプについて取り上げていく。

　第5章では，卸売業の経営について取り上げる。まず，経営環境や取引慣行について解説し，今日の卸売業の経営実態を紹介し，その経営基盤について解説していく。

　第6章および第7章は，流通における諸理論というテーマで，流通研究に必要なさまざまな理論的研究方法を紹介していく。第6章では，特に，小売業および卸売業の研究に必要な理論を紹介していく。本章では，卸売業の存在理由（取引総数最小化の原理，不確実性プールの原理，情報縮約・整合の原理，分化と統合），小売業態の生成と発展（小売の輪の理論，小売アコーディオン理論，弁証法的アプローチ，適応行動理論），小売理論の統合（多極化原理，ビック・ミドル仮説）などについて取り上げる。

　第7章では，流通全体を理解する上で必要な理論的基礎知識を紹介していく。本章では流通研究を行う上で特に重要とされる延期・投機の原理，チャネル・パワーとコンフリクト論，垂直的マーケティング・システム，サプライチェーン・マネジメントについて詳説していく。

　第8章では，消費者と流通の関係に焦点を当てていく。消費者行動といっても，より詳細に分解していくと購買行動と消費行動に大別される。さらには，それらの消費者行動が流通にどのような影響を与えるのか解明していく。

　第9章は，生産者（メーカー）の流通段階への関与に仕方について論究していく。具体的には，メーカーのチャネル戦略のあり方についてマーケティング・チャネルの視点から解明していく。さらに，チャネル政策のポイントについても解説していく。

　第10章は，生協について取り上げる。生産者と消費者を結びつける流通機構として独自の誕生および成長を遂げてきた生協の特徴について解説していく。特に，生協を特徴づけている地域（生産地域，消費地域）との結びつき，生協加入メンバーとの結びつき，さらには，今日の生協が抱えている問題・課題と今後の可能性について議論していく。

　第11章は，地域づくり・街づくりと流通の関係について取り上げる。具体的には，小売業，卸売業の地域への貢献，街づくりと流通業・商店街の関係，さらには，高齢化および少子化の進展とそれに対応するべき流通業の役割，これらの問題について検討していく。

　第12章は，国際化の問題である。流通業は，地域・地元に根ざすものとも言われているが，今日の流通業は海外の流通業の我が国への進出，あるいは我が国の流通業の海外進出が日常化してきている。その現状と課題について詳しく取り上げていく。

　第13章は，情報化の問題である。言うまでもなく，今日の流通業の情報化の進展は著しいものがある。POSシステム，サプライチェーン・マネジメント，電子タグ（RFID）技術，などについて解説する。

　第14章は，我が国の流通政策について，歴史的な視点を取り入れながら解説していく。とくに，20世後半の高度経済成長期以降の流通政策の特徴について解説していく。流通問題について言及するとき，我が国の流通政策に大きな影響を受けることは当然である。そこで，各時代の具体的政策とその影響について論じていく。

　第15章は，最終章として，これまでの諸章で取り上げた内容を包括すると

共に，生産・流通・消費という経済活動の関係について整理していく。さらに，今日の流通システムの特徴についても取り上げていく。

　本書は，流通研究に携わる新進気鋭の研究者による共同執筆により上梓された。執筆に参加していただいた先生方には，この場を借りて感謝申し上げる。さらに，本書を出版するにあたり，ご尽力いただいた同文舘出版株式会社の取締役編集局長の市川良之氏には心から感謝の意を表したい。

　2015 年 3 月

編著者　井上　崇通
村松　潤一

目　　次

第15章　新しい流通システム —————————— 203
—消費・流通・生産—

索　　引 ———————————————————— 215

ベーシック流通論
（第 2 版）

第1章

流通とは

本章のねらい

① 流通とは何かを明らかにする。流通の定義を示し，その意味を詳細に検討していく。

② 生産と消費に介在するさまざまなギャップ（隔たり）について明らかにする。

③ かかるギャップを埋め，適切な生産物流通を可能にするシステムを実現するための流通機能を明らかにする。

④ 最後に，流通の構成員について理解する。ここには，生産者，卸売業者，小売業者，さらにはさまざまな支援機関も存在する。

第1節 流通の存在

われわれが生活している身の回りにはあふれるばかりの商品が存在している。それぞれが生活の中で，顧客・消費者の目的に役立つかたちで機能し，利用されている。しかし，そのような商品がどのようにしてわれわれの手元に届けられているか，改めて考えたことがあるであろうか。

われわれが手にしている商品が，どのようにして自分たちのところに到達したかについて考察するとき，多くの場合，そこには，生産者，卸売業者，あるいは小売業者など専門化された機関が介在している。つまり，今日のわれわれの生活を成立させるためには，生産者をはじめとしてさまざまな専門家の助け

が必要となる。しかも，インターネットの普及・拡大が流通環境に劇的な変化をもたらしている。

　彼らは，その顧客が，産業財ユーザーであれ，最終消費者であれ，生産物を到達させるための努力をしているはずである。流通とは，このような生産の地点から消費の地点へと生産物が移転することである。そこには，いうまでもなく社会的分業の進展が必要となる。

　しかし，われわれの祖先は自給自足の生活を営んでいた。すなわち，1つの共同体の中で，自ら必要とするものを自らの手で生産していた。そこで生産されたものは共同体の共有物として所有され，消費されていった。

1.　物々交換

　しかし，共同体内における生産物の種類およびその収穫量には，気候・風土あるいは地理的条件により自ずと限界が存在する。もちろん生産者の能力によっても影響を受ける。その一方で，特定の生産物に対する生産能力が蓄積されるようになると，共同体で消費される以上の収穫物を確保することが可能となってくる。そこで，自分たちの余剰生産物を利用して，入手しにくい財を手にする方法を見つけ出すのである。いわゆる「物々交換」が誕生するのである。

2.　分業の成立

　特定の生産者に特定の財を生産する知識および技術が蓄積されると，ここに，それぞれの財の生産に対する専門家が育つことになる。特定の財に対しては特定の生産者が台頭し，その一方で，それを手にし消費する立場の人々が誕生することとなる。すなわち，生産者間および生産者と消費者の間に役割分担が発生し，ここに，「分業」と「交換」という社会システムが発達していくこととなる。このような分業の進展は，生産活動を自分たちの消費のためではなく，他者への販売を目的としたものへと変化させ，特定の生産物の生産活動に従事する時間を増加させていくことになる。

3.「商品交換」の社会の成立

　その後，物々交換の難点を克服すべく交換の共通尺度としての物財貨幣が登場し，さらには金属貨幣，信用貨幣へと進展していったことは周知のところであろう。それに伴い，生産と消費の直接交換という単純な流通の仕組みから，生産と消費の間に多くの中間業者（商人）が介在する間接流通の社会が出現することとなる。このような生産段階から消費段階に至る仕組みが分業というかたちで複雑になるに従い，さまざまな地域でさまざまな生産物が交換される複雑な流通の仕組みが生まれてくることになる。現在の資本主義経済は，このような高度で複雑な社会的分業の上に成立しており，その社会的分業の一翼を担っているのが流通の仕組みそのものなのである。

第2節　流通の定義

　「流通」という言葉は，日常用語としては「広く世間に通用すること」（三省堂「大辞林」），あるいは「流れてとどこおらないこと」（岩波書店「広辞苑」）という意味でも使われている。しかし，本書で用いる専門用語としての「流通」の意味としては，いかにも漠然としておりおぼつかない。本節では，まず，この流通という言葉の意味を正確に把握し，そこに含まれる重要なポイントを基礎にして，流通論の研究内容を浮かび上がらせていくことにする。

　流通を表現する用語は，古くは，配給などと呼ばれ，今日でも流通，流通経路，販売経路などとさまざまに呼ばれている。これはアメリカにおいても同様で，distribution, trade channel, channel of distribution, distribution channel, marketing channel, structure of distribution などと，さまざまな用語が用いられている。これらの用語に関する定義上の差異がみられるとすると，それは，その取り上げ方あるいは視点によるものである。その意味で流通に対しての定義もさまざまであるが，それらの定義をまとめると以下のように定義される。

本書では，この定義を採用する。

　「生産者から消費者に至る生産物の社会経済的移転」

　やさしく単純な定義であるが，この短い文章を正確に解釈していくと，次のような重要なポイントを浮かび上がらせることができる。

1.「生産者」および「消費者」

　流通は「生産者」を起点に置き，「消費者」を終点に置いている。ここで注意すべき点をいくつか指摘しておく必要がある。第1に，生産者という用語を用いている点である。製造業者，メーカーという言い方も考えられるが，ここでは農林水産業に従事している業者，特に農家の人々を製造業者やメーカーとはいわないことから理解されるところである。

　第2に，消費者には家庭消費者のみでなく，企業，学校，病院といった産業需要者も含まれている。すなわち，消費者とは，最終消費者である我々を指すだけではなく，生産に携わる企業や非営利組織である病院学校なども含まれている。彼らは，生産に必要とする資材や業務に必要とする資材を自らの手で創り出す能力を手にしていない。それらの物資は，他の組織から入手しなければならない。その意味で消費者である。彼らを顧客という名称で表現することもある。

　第3に，消費者という用語は，購買者，使用者（ユーザー），意思決定者，資金提供者，影響者といった複数の役割を含めた包括的な概念であるということを理解しておく必要がある。最終点として，個人としての消費者を考える場合は，このような役割をあえて分ける必要はないが，家族全体や企業といった組織を前提にする場合，購買する人と消費する人，あるいは購入を決定する人と使用する人が異なることは容易に理解できるところであり，その区別が重要なことは理解できるであろう。

2.　中間業者の介在

　上記生産者と消費者との間には，複数の中間業者が介在している場合が多い。すなわち，「生産者から消費者に至る」という表現に内在している中間業者の存在の重要性である。ここにいう中間業者をタイプ分けすると「主たる構成員」と「補助的構成員」に分けることができる。

　　　主たる構成員……生産者，卸売業者，小売業者，消費者
　　　補助的構成員……各種サービス業者（広告業者，放送・新聞業者），金融・保険
　　　　　　　　　　　業者，輸送業者，保管業者

　また，商流構成員と物流構成員というかたちで分類する場合もある。商流とは，所有権の移転される流れのことを指し，その意味で所有権を伴う取引の当事者が該当する。生産物の物理的移転の流れとは，かならずしも一致しない。物流とは，生産物のモノとしての物理的移転であり，物流業者とは，生産物の移転に直接関わり合う業者であり，その生産物の直接の所有者である必要はない。さらに，その他の補助構成員としてサービス業，金融・保険業を含める。

　　　商流構成員……生産者，卸売業者，小売業者，消費者
　　　物流構成員……生産者，卸売業者，小売業者，消費者，輸送業者，倉庫業者，
　　　　　　　　　　荷役業者
　　　補助的構成員…各種サービス業者（広告業者，放送・新聞業者），金融保険業者

図表 1-1　流通の仕組み

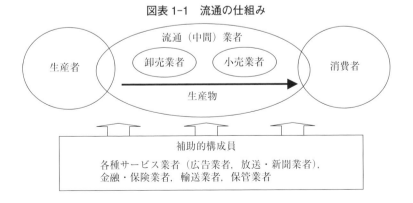

3. 生 産 物

　流通の対象となる「生産物」には，さまざまな捉え方が存在している。そこには，さまざまな生産物が含まれることになり，そのそれぞれに独自の流通の仕組みが存在することとなる。ちなみに，その分類の一例を示すと図表 1-2 のようになる。

図表 1-2　生産物の分類

使用目的別	産業別による	加工度による	市場範囲による
消費者用品 （消費財） 産業用品 （生産財，業務用品）	農産品 林産品 水産品 畜産品 鉱産品 工業製品	素材品 粗製品 半製品 精製品 （完成品）	地方商品 全国商品 国際商品
需要の性質による	使用期限による	季節性による	購買習慣による
必需品 嗜好品 奢侈品	消耗品 耐久品	恒常商品 季節商品	最寄品 買回品 専門品

　また，今日では，資源の有効利用という観点から，廃棄されていく商品もそこで一生を終えるのではなく，再生産のための資源として再利用される。このように再生産のために利用される場合には，一種の生産物として捉えることができる。この場合，廃棄物の提供者を生産者と見なし，循環的な流れが生まれる。

図表 1-3　再生産の循環的流通

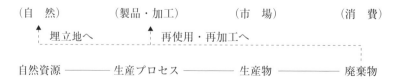

| （自　然） | （製品・加工） | （市　場） | （消　費） |

4. 社会・経済的移転

「社会経済的移転」という用語には，特に注意する必要がある。一般に流通については，次の2つの観点からに分類される。すなわち，社会経済的観点からは流通として，一方，個別企業的観点からはマーケティング経路として区別されている。

① 社会経済的観点

これは，国民経済的視点と呼ばれることもあるが，生産の地点から消費の地点に至る生産物流通が，どのような経路を通じて行われるのか，どのように流れているのか，あるいはそれらマーケティング過程における中間業者ないしは構成員が，どのような社会的役割を果たしているかといった問題が，その研究課題となる。

流通論の研究視点は，もちろん，この社会経済的視点からのものであり，本書では，主として，この視点から論を進めていくことにする。先に挙げた「生産者から消費者に至る生産物の社会・経済的移転」と定義という定義は，この社会・経済的移動の視点からの定義と言うことができる。

② 個別企業的観点

個別企業的観点からするマーケティング経路の問題は，企業が利用するためのマーケティング経路の選定あるいは構築，マーケティング経路の効果的な利用，マーケティング経路の強化などに関する戦略上の問題をその内容とするものである。そのような視点に立つマーケティング経路のことをマーケティング・チャネルあるいは単にチャネルという場合もある。今日，よく知られているマーケティングの4Pの1つであり，マーケティング戦略の重要な戦略要素である。本著では，この視点からの分析も必要に応じて取り入れていく。

▶社会経済的観点に立った概念…流通
▶個別企業的観点に立った概念…マーケティング

第3節　流通の研究方法

　流通構造を研究する手法は，20世紀初頭から伝統的に次のような視点からの研究が開発されてきている。すなわち，商品別アプローチ，機関別アプローチ，機能別アプローチがそれである。これらのアプローチは，今日でも，流通の仕組みを理解するうえで有効な示唆を提供してくれる。そこで，以下，それぞれについて説明しておく。

1.　商品別アプローチ

　商品別アプローチ（Commodity Approach）とは，特定の商品あるいは商品群に焦点を当て，流通およびマーケティングに関わる問題を取り扱おうとするものである。このアプローチは，流通の客体すなわち何（what）を流通させるかを中心に研究するものである。一口に「商品」といっても，そこにはさまざまなものがある。商品によって私たちは買い物のしかたも異なれば，その使用方法も異なる。これらは，当然その販売方法も流通のしかたも異なるはずである。そこで，これら商品，サービス等の流通およびマーケティングの具体的内容の解明と理解が必要である。

　すなわち，商品別アプローチとは「流通の客体である商品（サービス）を研究対象にするアプローチ」と言うことができる。

2.　機関別アプローチ

　機関別アプローチ（Institutional Approach）とは，主として，流通の主体すなわち，だれ（Who）が流通させているかを中心に据え，その流通の「構成員」の視点から流通およびマーケティング活動のありようを研究しようとするものである。これらの分類は，さらに細かく細分化されていく。例えば，「小売業者」

を例にとると，私たちがすでに名称としてはよく知っている「百貨店」，「通信販売」，「チェーン・ストア」，「スーパーマーケット」，「ディスカウント・ストア」，「コンビニエンス・ストア」などである。これらの分類の理解と内容についての理解が必要である。

　つまり，機関別アプローチとは，流通の主体である流通の構成員を研究対象にするアプローチ」である。

3.　機能別アプローチ

　機能別アプローチ（Functional Approach）とは，生産と消費の間に存在するギャップを踏める活動のありように焦点を当て，そこにどのような機能（役割・仕事）が存在するか，あるいは存在すべきかという視点からその要素の分析に焦点が当てられる。すなわち，生産と消費の橋渡しをするうえで必要とされる活動がさまざまに存在している。その担い手が生産者，流通業者，場合によっては消費者ということになる。そこで，その活動の具体的内容についての解明が必要となる。このような流通の中で行われる（べき）機能（役割・仕事）を研究対象にするアプローチである。機能別アプローチとは「流通の中で行われる（べき）機能（役割・仕事）を研究対象」としたアプローチと言える。

第4節　流通（生産と消費の）ギャップの存在

　流通チャネルの始点と終着点である生産の地点と消費の地点の間にさまざまなギャップ（隔たり）が存在している。そして，流通機構の研究者であるブレイヤー（R. F. Breyer）も指摘しているように，流通機構とは，かかるギャップを埋めるために必要なマーケティング諸能力を持った組織あるいは企業から成り立っている。

　それでは，生産地点と消費地点の間に存在する主要なギャップにはどのよう

なものがあるだろうか。このように，さまざまなギャップを想定することができるが，一般に，存在しているとされているギャップを分類すると次のようになる。

1．空間および時間のギャップ

　生産と消費の間に存在している最も基本的で容易に理解できるものは，この空間的・時間的ギャップであろう。空間的ギャップとは，距離的懸隔であり，地理的空間のギャップである。これは，今日，経済のグローバル化の中でますますその範囲を広げているが，その一方で，インターネットの普及で，空間的ギャップが重要でなくなってきている。

　さらに，この空間的ギャップは，必然的な結果として時間的ギャップを伴うことになる。これは，距離的な意味での時間的ギャップと欲しいものが必要なときに手に入れられるかどうかという意味でのギャップも含むものである。

2．情報（知覚）のギャップ

　このギャップは，1つには，消費者は自分たちの欲しい生産物の提供者である供給者（生産者，卸売業者，小売業者）について知らないし，供給者は自分たちの生産物の顧客について知らないという意味での情報（知覚的）ギャップである。いま1つは，消費者の知りたい情報と供給者の知らせたい情報の間に存在するギャップである。

3．所有権のギャップ

　生産物が売り手から買い手の手にわたり，物理的に生産物の移動が完了したとしても，その両者の間で所有権の移転がなされるまでは交換が成立したことにはならない。生産物の物理的移動は目で確認できるが，所有権の移動は目に見えるものではなく，それが手元に存在しても所有権が移転されるまでは取引

が完了したことにはならない。つまり，所有権のギャップは依然として存在することになる。

4．価値のギャップ

生産者と消費者は，ともに生産物に対して価値を見いだしているが，両者の認識している価値あるいは重視している価値には大きなギャップが存在している。すなわち，生産者は，自分たちの所有している知識や技術を生産物に埋め込み，その価値を価格という金銭的尺度に換算して，そこに利益（長期的）の実現を期待するのである。つまり交換価値の実現である。一方，消費者は，自分たちの欲求を充足するために，生産物を購入し使用していく。その際，消費者は価値実現のために自らの所有している知識・技術を動員してその生産物に埋め込まれている知識・技術を引き出すのである。その意味で支払いに伴う犠牲を支払能力という金銭的側面で測定するのである。つまり，使用価値の実現である。

5．品揃えのギャップ

生産者の提供しているものは，当然自社生産物，それもごく限られた範囲の生産物である。つまりその品揃えは自社製品間それに限定される。しかし，消費者は自分たちの求めている価値実現のためにさまざまな企業の製品を品揃えしていく。つまり，さまざまな生産物をさまざまな企業の生産物（ブランド）の中から選択しているのである。このように提供される生産物と要求される生産物の種類にも生産と消費の間にはギャップが存在している。

図表 1-4　生産地点と消費地点の間に存在する主要なギャップ

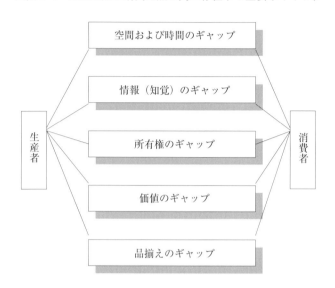

第5節　流通機能

　このような生産と消費の間にあるさまざまなギャップは，何らかの方法で埋められる必要がある。流通機能とは，生産と消費の間に存在するギャップを埋める活動であり，流通機能を対象とした分析を行うことにより，どのような機能（役割・仕事）が存在するか，あるいは存在すべきかという視点から流通の現状あるいはあるべき姿を浮かび上がらせることができる。すなわち，生産と消費の橋渡しをするうえで必要とされる活動がさまざまに存在している。

　それこそが流通チャネルの役割であり，適切な生産物の流通を可能にするシステムの実現が要求される。そこに流通チャネルの果たすべき機能が存在している。すなわち，上記のギャップを埋める機能と言い換えることができる。それを類型化すると図表 1-5 のようになる。

図表 1-5 主たる流通機能

> 輸送機能………空間(場所)のギャップを橋渡しする機能
> 保管機能………時間のギャップを橋渡しする機能
> 情報伝達機能…情報(知覚的)ギャップを橋渡しする機能
> 取引機能………所有権のギャップおよび価値のギャップを
> 　　　　　　　橋渡しする機能
> 品揃え機能……品揃えのギャップを橋渡しする機能

　ここで示した機能は，上で紹介した流通ギャップが，何らかのかたちで克服される必要があるという要求の帰結である。そこに流通業者の流通機能の必要性が存在することになる。今日では，この機能を担う流通業者は，リアルサイトに存在している伝統的な流通業者とインターネット上に存在するバーチャルサイトの企業がそれぞれの特徴を活かすかたちで併存している。

1. 流通の構成員

　流通の構成員とその結びつきを考える場合，概念的には図表 1-6 のように類型化できる。

図表 1-6 流通の構成員とその結びつき

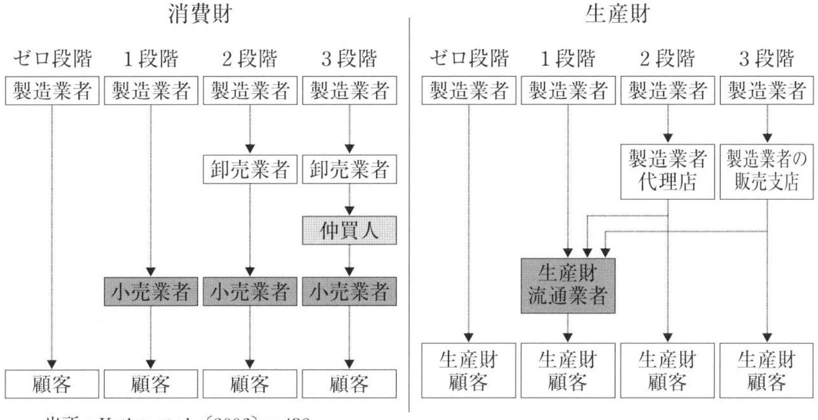

出所：Kotler, et al.〔2006〕p.438.

　そして，これらを支援するかたちで，物的流通の作業を行う輸送・保管業者が存在し，情報提供を行う情報サービス業者（広告業者，放送業者，出版・印刷業者など），財務的側面あるいはリスク負担の面からの援助を行う金融・保険業者が関わり合ってくる。

　このような流通の仕組みも，今日では，質的変化をとげつつある。それぞれの企業が独立した存在として自立的に行動し，取引の生じるときにのみ，お互いとの結びつきを成立させるような伝統的な流通のあり方から，生産者・卸売業者，小売業者，およびその他の助成機関が，相互に継続的な協調関係を維持しながら，流通全体の効率化を目指すという，計画的な流通の仕組みの構築が行われるようになってきている。

2. 流通機能と流通機構の関係

　このような流通機能と流通機構あるいはその構成員との関係は，次のようにまとめることができる。

① 流通機能とは，流通の構成員の遂行する課業あるいは活動である。

② それらの機能は，流通の構成員ごとに異なった組み合わせ（ミックス）で割り当てられる。

③ 機能のミックスは，消費者あるいは流通の構成員のどちらに対しても最大の利益をもたらすような方法で構築される。

④ その構成員は，機能の組み合わせを変化させることで自分たちの利益を増大できるような機会に遭遇したら，そうするであろう。

⑤ 機能ミックスの変化がかなり大きければ，流通の構造自体を変化させるであろう。

3. 流通機構のもつ特徴

　このような流通機構のもつ特徴について，理論的に整理する場合，多くの流通機構の研究者たちは，流通機構を明確な行動パターンを備えた「操作システ

ム」であると考えるようになってきている。

　この意味するところは，流通機構を，個々ばらばらの企業の集合したものではなく，全体が1つのシステムとして捉えられ，システム内で果たされる諸機能をつねに全体の利益と効率を考慮にいれて，計画，調整，管理することを必要とする操作システムであるということである。このように考えると，流通機構は，次のような特徴をもっているといえる。

（1）　流通の構成員

　流通機構は，期待された成果を生み出すために構成された相互関係のある構成要素から成り立っている。この構成要素には，次のうちの2つあるいはそれ以上のものによって構成されている。最初の売り手（生産者もしくは製造業者），卸売業者，小売業者，その他の助成機関（金融機関，輸送機関など）およびコミュニケーション・ネットワークである。

（2）　共同の目標の達成

　流通機構の構成員は，相互に満足するような目標の達成に努力する。最初，個々の構成員の目標が，相反する場合もあるけれども，それは取引や調整のプロセスの中で，この食い違いを見せた要求を1つにまとめ，協調させていく必要性が認識されていく。

（3）　分業と協業

　より強く結びついた流通機構では，その構成員はお互い高度に依存し合い，各レベルで果たす機能的分業によって，新しい連帯が成立する。また，伝統的流通機構にみられるような企業間の関係は，ばらばらに組み立てられて流動的，断片的ではあるが，このような状況でさえ，相互作用や相互依存関係は存在する。

（4）　フローとしてのネットワーク

　流通機構の構成員よって遂行される活動は，一連の流れをもって連続的に遂行される。そこで，これらの活動を「流通フロー」と考えることが論理的であ

る。例えば，生産物は，一連の中間業者を通じて生産者から使用者へと流れ，情報も同様のネットワークを通じて流れていく。

(5) 参入・撤退の自由

流通機構は，参加するのが自由であるという意味で，オープン・システムである。企業は，流通機構に自由に参入し，比較的容易に撤退できる。ある企業が，特定の流通機構に参入するのは，それによって，最大の利益がもたらされると考えられるからである。

(6) チャネル・キャプテン

一般に，ある特定の企業が，流通機構の「管理者」となる。その企業は，企画された活動の大部分あるいはすべてを指揮し，調整し，統制する。これを「チャネル・キャプテン」と呼ぶ。この問題を考える場合，チャネル内の誰がキャプテンになるか，そしてその力はどの程度かについて分析することが重要となる。

(7) 行動規範

流通機構の構成員の行動は，行動規範により規制されており，そこには，どのような競争行動が認められるかについてふれている。この規範は，非公式に確立された集団モラールから成り立っている。

第6節　インターネット社会の流通の進展

今日の消費者の購買行動を観察すると，実店舗とインターネット上の企業あるいは店舗を巧みに組み合わせて商品を入手している。例えば，ある消費者は伝統的なプロモーション手段（例えば，TV広告）で商品について認知・関心を持ち，最寄りの実店舗で購入したい商品を絞り込み，その後オンラインショップで商品を入手する（「ショールーミング」という），別の消費者はインターネッ

ト上のオンライン広告等で商品を知り，当該商品についてオンライン上のさまざまな情報を探索し購入希望の商品を絞り込み，購入は実店舗で行う（「ウェブルーミング」という）。

このように消費者は，さまざまな手段を駆使して商品を入手している。いわゆるオムニチャネルの利用である。それに対応するかたちで企業（生産者・卸売業者・小売業者）も，従来のようにシングルチャネル（single-channel）を想定するのではなく，多様な流通チャネルを構築していく必要がある。それは単に多様な流通チャネル（マルチチャネル：multi-channel）を構築するだけではなく，消費者の購買行動に適合した縦割りではない，チャネル横断的な流通構造（オムニチャネル：omni-channel）の構築である（図表1-7）。

図表 1-7　多様な流通構造の構築　シングルチャネルからオムニチャネルへ

これからの流通研究は，新しい流通構造の出現も視野に入れながら，このようなオンラインの世界とオフラインの世界の両面について包括的に捉えていく必要がある。

＜参考文献＞

井上崇通 ［2001］『マーケティング戦略と診断』同友館。

江尻　弘 ［1981］『流通論』中央経済社。

北島忠男・小林一 ［1999］『流通総論』白桃書房。

コトラー　P. ［2017］『コトラーのマーケティング 4.0』朝日新聞出版。

コトラー　P. ［2021］『コトラーの H2H マーケティング』KADOKAWA。

徳永　豊 ［1980］『流通マン入門・再入門』ダイヤモンド社。

徳永豊・森博隆・井上崇通 ［1999］『マーケティングの管理と診断』同友館。

徳永豊監修・中央職業能率協会編 ［2007］『マーケティング』ビジネス・キャリア検定試験テキスト，社会保健研究所。

Breyer, R. F. ［1964］ "Some Observations on "Structural" Formation and the Growth of

Marketing Channels," in R. Cox, W. Alderson and S. J. Shapiro (eds.), *Theory in Marketing*, Richard D. Irwin,Inc..

Bucklin, L. P. [1967] "The Economic Structure of Channel of Distribution," in E. D. Mallen (ed.) *The Marketing Channel*, John Wiley & Sons Inc..

Kotler, P. and K. L. Keller [2006] Marketing Management, 12thed., Prentice-Hall.

Mallen, B. E. [1973] "Functional Spin-off : A Key to Anticipating Change In Distribution Structure," *Journal of Marketing*, Vol.37, July.

McCammon, B. C. Jr. and R. W. Little [1965] "Marketing Channel : Analytical Systems and Approaches," in *Science in Marketing*, ed. by George Schwartz, John Wiley & Sons, Inc..

McInnes, W. [1964] "A Conceptual Approach to Marketing," in R. Cox, W. Alderson and S. J. Shapiro (eds.), *Theory in Marketing*, Richard Irwin, Inc., pp.57-60, Book, 1967.

(井上　崇通)

第 2 章

小売業の役割と諸形態

本章のねらい

① 消費者にとって身近な存在である小売業の特徴を捉え，小売業がもたらす
さまざまな役割について理解をする。

② 小売業を類型化する 2 つの分類基準について理解をする。

③ 消費者が行うアソートメント形成活動を理解し，それが，小売業の品揃え
や売場形成とどのように関係しているのかについて理解をする。

④ また，小売業の品揃えが，営業形態（業態）とどのように関連付けられる
のかについて理解をする。

⑤ 消費者が買い物をする小売業の代表的な営業形態について，その生成，発
展や革新を理解し，それぞれの業態の特徴について理解をする。

第 1 節　小売業の特徴

1.　小売活動と小売業の種類

　企業の販売活動は，卸売活動と小売活動との 2 種類に分かれる。この 2 つの
販売活動を区別する基準は，買い手の違いである。買い手は大きく分けて，①
個人や家庭において日常生活で使用・消費するために商品を購入する最終消費
者（ultimate consumer），②組織（企業）が生産活動をするために，あるいは，
事業を運営するために商品を購入する産業消費者（industrial user, reseller），と

いう2種類に分けられる。主に最終消費者に対して販売活動を行う業者を「小売業者（retailer）」と言い，主に最終消費者以外に対して販売活動を行う業者を「卸売業者（wholesaler）」と言う。したがって，同じモノであっても，誰を対象に販売活動を行うのかによって，卸売業者か小売業者かを区別することができる。そこで，小売という活動（小売活動）（retailing）を定義するとすれば，「個人の使用あるいはその家庭での使用を目的とした最終消費者に，直接，消費財あるいはサービスを販売する諸活動」[1] となる。

そのような小売活動を行う事業者は，われわれが買い物に出向くことができる店舗（小売店）を有していることが多い。その中には，例えば和菓子屋，パン屋，弁当屋のように，自店のバックヤードで製造した商品を店頭で販売する「製造小売業」も含まれる。

他方で，実店舗を持たずに，無店舗小売業（無店舗販売）という形で，われわれに小売活動を行う事業者も存在する。訪問販売，通信販売，カタログ販売をはじめ，インターネット販売（ネット通販，Eコマース）を展開する事業者がこれに該当する。インターネット販売に関しては，製造業者が，事業の多角化の一環として，インターネットを通じた「直接販売」を行うケースも増えており，近年ではD2C（Direct to Consumer）として知られるようになってきた。しかしこの場合は，あくまでも製造業者が周辺事業としてインターネット販売に着手しているに過ぎないため，製造業者が行う小売活動として認識されることになる。したがって，小売業者には分類されないことに注意する必要がある。

2. 小売業の役割

小売業の役割を考えるにあたっては，例えば，①地域社会に対する役割，②流通上の役割，③消費者に対する役割，といった観点から捉えることができる。

（1）地域社会に対する役割

小売業は立地産業であると共に，地域密着型産業としての側面が重視される。その意味する所は，小売業は，基本的に不動産として立地する店舗において商

品販売をするのであり，対象とする地域住民の需要に即した商品を販売する必
要がある，ということである。すなわち，小売業は，地域住民に支持され売れ
る商品を，店頭で"品揃え"として実現する必要があるのであり，地域住民の
需要・要望に応える存在でなければならない，ということである。

　しかし，現代はそれ以上の役割を担う存在として，小売業を捉える必要がある。
それは，都市計画の一環，生活環境の整備，地域社会との関係，という側面から
捉えることである。小売業の出店は，地域住民に対する買物利便性の向上のみ
ならず，雇用の場の創出にも貢献することができる。さらには，くつろぎの空
間や楽しめる行事の提供といった形で，小売業は，有形・無形の地域貢献にも
役立つことができる。その他にも，小売業の存在が，地域の防犯に一役買って
いる，ということもある。このように，地域に立地する小売業が果たす役割は，
社会的貢献度からすると，大きな比重を占めていることがわかる。

（2）　流通上の役割

　生産と消費との間にある社会的懸隔（ギャップ）を埋める流通業者としての
小売業者は，まさに，生産者や卸売業者と，消費者との間に存在するからこそ
生まれる役割が認められる。小売業者は，消費者に接する流通チャネルの末端
に位置している。したがって，消費者の持つ情報を効率的に把握することがで
き，そういった情報を，流通チャネルの川上へと吸い上げていく役目を担うこ
とができる。すなわち，消費者の需要動向を卸売業者や生産者へとフィードバッ
クさせ，消費者ニーズに適応した商品を流通・生産させることに貢献するので
ある。またこのことは，生産者や卸売業者に対して，消費者にとって不必要な
商品を過剰に供給させてしまったり，あるいは，必要な商品の供給が過少となっ
てしまったりすることを防ぐことにもつながる。つまり，「在庫損失」と「機
会損失」の抑制にも貢献するのである。以上のことから，小売業者は，社会経
済的観点においても重要な役割を担っていると言える。

（3）　消費者に対する役割

　消費者に対する小売業の役割は，消費者の買物コストの観点から認識するこ

とができる。われわれの買い物は，小売業が存在していなければ，生産者のもとへ直接出向いて，必要な生産物（商品）を入手しなければならないことになる。消費者は買い物をするにあたって，商品購入代金以外にも，交通費（電車代，バス代，ガソリン代，駐車料金代など），買い物に要する移動時間，商品探索時間，移動や商品探索に伴う肉体的疲労，移動や買い物行為自体によって発生する心理的・精神的負担といったさまざまなコストを負担しながら，購買行動をしている。買物コストは多少に関わらず発生するが，もしも小売業が存在していなかったとしたら，生産者のもとへ出向くことに伴うさまざまなコストが膨大に発生するであろう。しかし，小売業が消費者の近隣に存在していることで，そのコストは一気に削減されることになる。このような消費者に対する役割は，その他にも，次のような点を認識することができる[2]。

① 消費者の欲求を満たし，消費者の生活を向上させる商品を取り揃える，品揃え面での役割

② 消費者の商品選択に対して有用な情報を提供する役割

③ 消費者が商品の購買にあたって不便でない場所に立地する役割

④ 配達，修理，支払条件など，商品の性格や消費者の状況に応じて，付帯的なサービスを提供する役割

⑤ 安全に，快適に，そして楽しく買い物ができるように，店舗のハード面とソフト面を整備する役割

⑥ 取扱商品，付帯サービス，立地および物的施設などを考慮したうえで，適正な価格で販売する役割

第２節　小売業の諸類型と品揃え概念

1. 小売業の諸類型

消費者が日常的に買い物をする小売業には，さまざまな種類がある。多様な

小売業を分類するにあたっては，次のような 2 つの視点によって捉えることで，その特徴が浮き彫りにされる。

（1）　取扱商品による分類：業種分類

　最も典型的な小売業の分類として，その小売業がどのような商品を取り扱っているのか，すなわち，主要な取扱商品による小売業の分類がある。この分類は，大きく分けて，特定の商品分野に限定した商品を取り扱う「業種小売業」と，幅広い商品を取り扱う「総合小売業」とに分けることができる[3]。

　業種小売業は，それぞれの取扱商品分野ごとに分類することができ，例えば，鮮魚店（鮮魚小売業），八百屋（野菜・果実小売業），酒屋（酒小売業），米屋（米穀類小売業），薬局（医薬品小売業），など，実に多くの種類に分けて捉えることができる。一般的にこれらは，「業種店」あるいは「一般小売店」と呼ばれている。また，こういった業種小売業が成立するためには，①品揃えをある範囲に限っても十分な市場が確保できる，②多様な種類の商品供給がある，③特定の商品分野に専門化することによって，品揃えをより効率的に行うことができる，などの条件が満たされることを要求する[4]。

　他方，総合小売業は，取扱商品分野を限定することなく，商品カテゴリーを横断的に取り扱っている，という特徴がある。衣食住に関して全般的な商品の取扱いをしている小売業としては，百貨店や総合スーパーなどが挙げられるし，加工食品や日用雑貨を中心に取り扱っている小売業としては，スーパーマーケットやコンビニエンス・ストアが挙げられる。総合小売業の分類は，一般的に「業態店」として知られているものが多く，以下で述べるように，営業形態の違いによって識別することができる。

（2）　営業形態による分類：業態分類

　営業形態による小売業の分類は，「小売ミックス」を基準として分類するものである。小売ミックスとは，小売業におけるマーケティング・ミックスとして捉えることができ，立地，営業時間，マーチャンダイジング（品揃え・商品構成，価格設定），販売方法，プロモーション，付帯サービス，店舗施設や雰

囲気，などによって小売業を特徴づけるものである。そこで，小売ミックスによる特徴の違いによって，大まかに類型化して捉えることができる小売業のスタイルのことを，「営業形態」あるいは略して「業態（店）」と言う。これらはまた，「ストア・フォーマット」と呼ばれることもある。

　例えば，小売ミックスのうち，立地場所の有無による分類としては，店舗小売業か無店舗小売業かが分類される。また，販売方法の違いによる分類としては，対面販売かセルフ・サービス販売かで分類することができる。主として対面販売を採用する営業形態としては，百貨店，専門店，一般小売店（業種店），などがあり，主にセルフ・サービス販売を採用する営業形態としては，総合スーパー，スーパーマーケット，コンビニエンス・ストア，ディスカウント・ストア，ドラッグ・ストアなどがある。

2.　小売業における品揃えの重要性

（1）　消費者のアソートメント概念と売場形成

　小売業が行う品揃えは，消費者の購買行動を助成する機能として認識することができる。われわれ消費者の購買行動は，多かれ少なかれ，「使用・消費の場面に沿って，意識的に形成された"意味ある"集合」を形成しようとして商品を選択・購買している，と認識することができる。この意識的に形成された"意味ある"商品の集合のことを，「アソートメント（assortment）」と言う。例えば，勉強する状況においては，消しゴムだけ購買しても意味がないのであり，消しゴムを購買する前提として鉛筆やシャープペンシルが存在していなければ，消しゴムが役目を果たすことはない。また，そういった鉛筆やシャープペンシルを使用するにあたっては，ノートなどが存在していなければならないことになる。他にも，ネクタイが意味を成すためには，ワイシャツが不可欠であるし，またそのワイシャツに加えてスーツや革靴があってこそ，ネクタイとしての有用性が高まることになる。こういったネクタイを購買するにあたっては，恐らく，家のクローゼットにあるワイシャツやスーツとの相性も考慮して選んでいるに違いない。したがって，消費者の日常的な買い物においては，多かれ

少なかれ意識的に，何らかの意味を持たせた商品集合（アソートメント）を作り上げようとしている，と考えることができる。

　小売業の売り場を見渡してみると，消費者のアソートメント形成を，効率良く効果的に行うための手助けがなされている[5]。例えば，特定の商品カテゴリーの売り場に行けば，さまざまな製造業者のブランドが陳列され，比較・検討ができるようになっている。このような商品の集合を「同類代替集合」として特徴付けることができ，「比較購買」を容易にする機能を提供していると言える。また，商品カテゴリーを横断する形で，補完し合う異なる商品が1つの売り場に集められていることもある。例えば，ネクタイは，多くの場合ワイシャツとセットで売り場に置かれているし，アルコール類の売り場には，本来別の売り場にあるはずのスナック類が置かれている。このように，ある商品に対して補完し合う関係にある商品も組み合わせて陳列させる商品集合のことを「異種補完集合」と言い，「関連購買」を促進する機能を提供していると言える。

　小売業においては，この2つの商品集合のうち，少なくとも1つの集合を提供することで，消費者のアソートメント形成に貢献する購買の利便性を提供している，と考えることができる。

（2）　小売業の品揃えと営業形態の関係性

　また，このような同類代替集合や異種補完集合といった商品集合は，小売業の営業形態を特徴付ける品揃えと密接に関係している，と考えることができる。例えば，比較購買を可能にさせる同類代替集合の売場を持つ典型的な小売業としては，魚屋，八百屋，靴屋，本屋，といった業種小売業（業種店や一般小売店，専門店）においてその典型を見ることができるし，また，関連購買を可能にさせる異種補完集合の売場の代表例としては，コンビニエンス・ストアやスーパーマーケットなどを挙げることができる。われわれが日常的にコンビニエンス・ストアに立ち寄るのは，雑誌，食料品，日用雑貨，など幅広い品揃えをしており，「ワンストップ・ショッピング」を可能にさせてくれるからである。

　一般的に，探索時間の短い商品（例えば，食料品や日用雑貨など）においては，買物効率を上げるためのワンストップ・ショッピングに貢献するような異

種補完集合（関連購買促進集合）の品揃えをする店舗が好まれるのに対して，探索時間の長い商品（ファッション品や高額品）では，買物効率よりもむしろきめ細かな商品探索が必要とされるので，特定の商品カテゴリーに絞り込んだ同類代替集合（比較購買促進集合）の店舗が好まれることになる。そこで，品揃えに注目して小売業の営業形態を分類してみると，次の図表2-1のようになる。

図表2-1　小売業の代表的な営業形態と品揃えの特徴

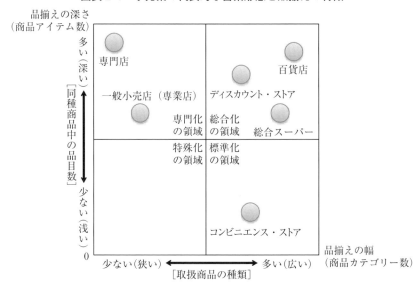

（出所）小林・篠田［2014］102頁を基に加筆・修正して作成。

　この図表2-1を見るとわかるように，小売業の営業形態は，「品揃えの幅と深さの程度」によっても分類できることがわかる。ここで言う，品揃えの幅とは，取り扱う商品カテゴリーの種類の幅を表しており，品揃えの深さとは，特定の商品カテゴリーの中において，色やサイズ，あるいはブランドなどにおいて，いかに多様な商品を取り揃えているのかを意味している[6]。この品揃えの幅と深さは，トレードオフの関係にある。いくらスーパーマーケットが専門店や一般小売店，コンビニエンス・ストアに比べて広い店舗を構えているとは言え，その売場面積には限りがあることから，店内に置くことのできる商品数に

も限界がある。それゆえに，品揃えの幅（商品カテゴリーの幅）を広げようとすれば，1つ1つの商品カテゴリー内での取扱商品数（商品アイテム数）は浅い品揃えとならざるを得ない。また逆に，品揃えの深さを提供するために，特定の商品カテゴリー内の取扱商品数（商品アイテム数）を多く（深く）しようとすれば，その分，品揃えの幅（商品カテゴリーの幅）は狭めざるを得ないことになる。したがって，小売業における営業形態の基本的な特徴は，この品揃えの状態と密接な関係がある，ということが理解できる。

第3節　小売業態の革新と諸形態

　今日われわれが利用することのできる小売業には，さまざまな営業形態（業態）が存在する。これら小売業の発展の歴史は，既存の小売業者自らによる発展はもちろんのこと，新しい小売業者の出現や異業種からの市場参入者によって影響を受ける形で発展してきた，と言っても過言ではない。とりわけ，アメリカの主要な小売業態の革新の足跡をたどるとき，そこに共通した現象は，その時代時代において，常に過去において部分的に実証された考え方やコンセプト，あるいはオペレーション技術を巧みに組み合わせることで，その時代の消費者ニーズを充足させられるよう，革新的な小売業として差別的優位性を追求していたことがわかる[7]。以下では，主要な小売業の営業形態について，その生成や特徴について見ていくことにする。

1.　百貨店（デパートメント・ストア）

　アメリカで最も初期に出現した革新的小売業態は，1800年代中期に現れた百貨店（department store）とされているが，百貨店そのものの発祥地は，フランスである。1852年パリに「ボン・マルシェ」が設立され，その後，1855年に「ルーブル」，1860年に「ル・プランタン」が設立されたことで，これらが

百貨店の起源とされている。アメリカにおいては，フランスの百貨店を模倣する形で，ボストンに「ジョーダン・マーシュ」，ニューヨークに「A.T. スチュアート」が誕生していくが，近代的かつ革新的な百貨店として取り上げられるものは，1858 年にニューヨークで設立した「メーシー」，それから，1861 年にフィラデルフィアで設立した「ジョン・ワナメーカー」である。これらが革新的小売業態と言われる理由は，販売価格を定価制度にするなど，当時としては驚嘆に値する革新的な小売方法を実践したからである[8]。また，百貨店は，今日では当然のように考えられるさまざまな販売方法を採用し，定着させた先駆的小売業でもある。百貨店は，定価販売の他にも，現金販売，品質保証，返品・返金の自由，無料配送制度，店内出入りの自由，などの特徴を採用し，また，売場単位による部門別管理組織を形成していくことで，消費者にワンストップ・ショッピングの利便性をもたらした。

　日本における百貨店の誕生は，合名会社三井呉服店から，1904 年に株式会社三越呉服店に改組し「デパートメント・ストア宣言」を行った，現在の「三越」である。その後多くの呉服商が追随する形で，「いとう屋（後の松坂屋）」(1910年)，「白木屋」(1919 年)，「松屋」(同年)，「髙島屋」(同年)，「大丸」(1920 年)が，次々と百貨店として誕生していった。昭和初期になると，いわゆる電鉄系百貨店が誕生することになり，ターミナル型の百貨店が登場するようになる。代表的には，「阪急百貨店」(1929 年)，「東横百貨店（現在の東急百貨店）」(1934年) などがある。

2．スーパーマーケット

　スーパーマーケットは，1930 年代初頭のアメリカに出現した小売業態である。1930 年にニューヨーク州ロングアイランドに開店した「キング・カレン・ストア」，あるいは，1932 年ニュージャージー州エリザベスに開店した「ビッグ・ベア」がその始まりとされている。この時代は，いわゆる大恐慌の時代であり，失業者が街に溢れ，消費者は苦しい経済状況の中，何よりも価格の安さを基準とした買い物を優先させるような時代であった。そのような中で，古いガレー

ジ，倒産企業の工場や倉庫などを利活用して開店したのが，スーパーマーケットの原点である[9]。

　スーパーマーケットは，マス・マーチャンダイジングという現代的なコンセプトを基に，大量・大規模販売，セルフ・サービスの導入，部門化管理，現金持ち帰り主義，の 4 つのコンセプトを導入することで登場した。これらさまざまなコンセプトは，他の業種や企業によって実証されたものばかりであったが，それらのコンセプトや技術を拡張させたり，組み合わせることによって，スーパーマーケットは固有のコンセプトを創出することに成功した[10]。元々スーパーマーケットは，ほぼすべての商品が食料品であった。それが，第二次世界大戦中の食糧不足や入手困難が背景となり，食料品以外の日用雑貨部門の取扱いが促進されることになった。そのような商品構成の拡がりが，むしろ第二次世界大戦後の消費者に歓迎され，それ以来継承されていくことになった[11]。

　日本においては，1953 年に東京の青山で開業した「紀ノ国屋」が，食料品のセルフ・サービス店の萌芽であるが，本格的なスーパーマーケットの登場は，1957 年の「主婦の店ダイエー」である。1950 年代半ば～1970 年代初頭の高度経済成長期にかけて，日本のスーパーマーケットは急成長を迎えることになる。日本では，スーパーマーケットのことを「スーパー」と呼んでいることが多いが，日本のスーパーは，アメリカで生まれたスーパーマーケット，ディスカウント・ストア，チェーン・ストア，をアレンジして取り入れた特徴がある[12]。その意味でスーパーは，日本独自のユニークな存在として認められている。その後，品揃えを衣食住すべてに拡張する形で「総合スーパー」が出現し，急速な成長を遂げていくことになる。

3.　コンビニエンス・ストア

　コンビニエンス・ストアは，1950～1960 年代にかけて驚くべき成長を遂げた食品小売業態の一種である。その起源は 1920 年代中頃，テキサス州オーク・クリフ地区で，馬車のワゴンで氷販売をしていたコンシューマーズ・アイス社が試みたあるアイディアに遡ることができるが，それが現在のコンビニエンスと

いうアイディアにつながるきっかけは，1927年に発足したサウスランド・アイス社の取組みにおいて認められる[13]。サウスランド・アイス社は，顧客の要望に応じて，取扱商品を氷に加え，ミルク，パン，卵，タバコ，缶詰などのグロッサリーにまで拡げ，週7日・毎日16時間の営業を試みることに着手した。当時は日曜日に営業している店はなく，消費者は氷以外の商品を，平日夕方や日曜日に購買できる便利さを欲していたことから，その取組みが支持されたのである。

　コンビニエンス・ストアという小売業態が確立するのは，1950年代中頃だと考えられている[14]。それは，サウスランド・アイス社から発展する形で1948年に誕生したサウスランド社が，長時間営業，便利な立地，回転の速い商品に品揃えを限定，非食品品目の取扱比率が高い，などのコンセプトを確立することで始まる[15]。販売方式としては，スーパーマーケットで実証されたセルフ・サービス方式を取り入れた。消費者は，立地・営業時間・品揃えの利便性によって買物コストが大きく節約できることから，その分価格が少々割高であっても気にせずに，コンビニエンス・ストアを支持していくことになったのである。コンビニエンス・ストアの提供するものは，まさに消費者に対する利便性そのものだと言える。

　日本におけるコンビニエンス・ストアは，1974年にセブン－イレブン・ジャパンが東京都江東区に1号店を出店したことで始まる。同社は，サウスランド社からコンビニエンス・ストアのノウハウを吸収しながら，同時に，日本の既存流通システムを利用する形で，独自のシステムを構築する。すなわち，フランチャイズ・システムの導入，物流システムの構築，情報システムの確立，である[16]。1990年代頃からは日本国内で急速な発展を遂げ，海外への進出も活発化していった。しかし，現在では，国内においてオーバーストアを迎えたエリアも見られ，他店との競合が激化する商圏や，カニバリゼーションを引き起こしている商圏も見られるようになった。したがって，出店控えや店舗数を削減し始めたエリアも存在している。

第4節　小売業を取り巻く環境の変化

　近年，店舗小売業を取り巻く環境は，厳しさを増している状況にある。Eコマース（インターネット販売）の隆盛は元より，「ライブ・コマース」も台頭し始め，特に消費者によるスマートフォンの利用を前提とした購買環境の整備が急速に進んでいる。その他，第1節でも触れたように，D2Cという「直接販売」により，消費者が製造業者からダイレクトに商品を購買することができる機会も増えてきた。D2Cにおいては，インターネット・サイトを通じて，消費者へブランドの世界観を直接訴求することでコンバージョン[17]を促進させられることから，むしろ製造業者としては，D2Cを積極的に展開しようとする傾向も見られている。

　このようなインターネットやスマートフォンの利用を前提とした購買環境の整備は，それらの利用に対する利便性が高まれば高まるほど，店舗小売業にとっては不利な状況が生まれることになる。近年では，集客に事欠かないはずのターミナル駅に立地する電鉄系百貨店ですら，空きテナントが発生する状況も見られており，また，専門総合型の品揃えにより集客ができていたはずの大型書店や家電量販店であっても，退店・撤退を余儀なくされる事態に陥っている。

　そのような状況にあり，今日の小売業は，実店舗を有することの意味や価値についての再検討が喫緊の課題となっている。それは，小売事業（者）としての「事業の定義」や「ストア・コンセプト」の再検討を伴うものとなる[18]。店舗に立ち寄った消費者・顧客に対して，どのような時空間をどのように過ごしてもらい，「経験価値」[19]として何を知覚して心に留めてもらうべきか，あるいは，店舗という空間を有しているからこそ可能になる"リアル世界固有の経験"や"価値提供"とは何か，といったことへの再検討が不可欠となってきた。

　そのような再検討の結果，実店舗の店頭はショールームとして，商品との出会いを重視したり，生産者の想いをつないだりする，"コミュニケーション・

スペース”としての機能に特化させ，購買は店内設置のQRコードからショッピング・サイトへアクセスしてもらう，といった，“モノを売らない”経験提供型の店舗が登場するようにもなってきた。また，本屋とカフェの融合をはじめ，自動車ショールームと本屋の融合，ドラッグ・ストアの食品スーパー化（生鮮・加工・チルド・冷凍食品類の取込み），ホームセンターのマルシェ展開，家電店における趣味分野商材への拡張（音楽，ゲーム，模型，スポーツバイク，アウトドア用品など），といったように，既存展開していた商品カテゴリーに囚われない独自のコンセプト・デザインによって，新たな「経験価値」や「コト消費」の創出と売り場改革を成功させたケースも見られている。

　メタバース空間での「バーチャル・マーケット」や「アバター接客」がテクノロジーとして可能になった今日，小売業は有店舗・無店舗を問わず，自らの存在意義ともなる“消費者に提供する価値や経験”について模索し，再検討し続けていく必要がある。

<注>
1) 竹内［2002］169頁。
2) 竹内［2002］172頁。
3) 懸田［2009］7頁。
4) 懸田［2009］7頁。
5) 上原［1999］162-163頁。
6) 坂田［2012］78-79頁を参考に記述。
7) 徳永［1992］279-282頁。
8) 徳永［1992］11頁。
9) 井上［2001］69頁および鈴木［2010］171-176頁を基に記述。
10) 徳永［1980b］300頁および徳永［1992］57-64頁。
11) 井上［2001］70頁。
12) 井上［2001］70頁および鈴木［2010］171-176頁。
13) 徳永［1992］181-192頁。
14) 徳永［1992］181-192頁。
15) 営業時間の長さを店名に用いた「セブン－イレブン (7-Eleven)」という名称自体は，サウスランド・アイス社時代の1946年に生まれている（徳永［1992］191頁）。
16) 柯［2010］29頁。
17)「コンバージョン（conversion）」とは，インターネット上で，消費者に対して何らかの次なる目的行動を起こさせることを言う。ここでの目的行動とは，例えば，会員登録，資料請求，購買行動，などである。

18)「事業の定義」については，その重要性に関して，井上［2018］の第 1 章と河内［2020］
　　にて詳しく説明されているので，そちらを参照されたい。
19)「経験価値（experience）」については，井上［2018］の第 2 章および第 3 章にて触れ
　　られている。第 3 章では「サービス・ドミナント・ロジック（S-D ロジック）」の台頭と
　　その重要性について説明されているが，特にそこでの「価値共創」の考え方は，店舗開
　　発やストア・コンセプトの創出においても参考になる概念だと言える。

＜参考文献＞

井上崇通［2001］「小売業の諸形態とその役割」松江宏編『現代流通論』同文舘出版，
　　55-81 頁。
井上崇通［2018］『消費者行動論（第 2 版）』同文舘出版。
上原征彦［1999］『マーケティング戦略論』有斐閣。
柯　麗華［2010］「小売業の役割と諸形態」村松幸廣・井上崇通・村松潤一編『流通論』
　　同文舘出版，17-32 頁。
懸田　豊［2009］「小売流通の特質」懸田豊・住谷宏『現代の小売流通』中央経済社，1-11
　　頁。
河内俊樹［2020］「マーケティングの視点から再考する企業・事業規模拡大志向の問題点」
　　大友純・河内俊樹『ビジネスのためのマーケティング戦略論－企業の永続化を目指す
　　実践的考え方』同文舘出版，19-48 頁。
小林　一・篠田勝之［2014］『マーケティングの基礎』実教出版。
坂田隆文［2012］「品揃えのマネジメント」清水信年・坂田隆文編『1 からのリテール・マ
　　ネジメント』碩学舎，69-85 頁。
清水　晶［1972］『小売り業の形態と経営原則』同文舘出版。
鈴木安昭［2010］『新・流通と商業（第 5 版）』有斐閣。
竹内慶司［2002］「小売業」澤内隆志編『マーケティングの原理－コンセプトとセンス』
　　中央経済社，169-194 頁。
徳永　豊［1980a］『戦略的商品管理（改訂版）』同文舘出版。
徳永　豊［1980b］『ポイント総点検 流通マン入門・再入門』ダイヤモンド社。
徳永　豊［1992］『アメリカの流通業の歴史に学ぶ（第 2 版）』中央経済社。

（河内　俊樹）

第3章

小売業の経営

第1節　小売業経営

1.　小売業経営の特徴

　ここでは，小売業の経営に焦点を当てて，その特徴について説明していくことにする。まず小売業者の役割について確認しておこう。小売業には主に次の4つがある（Levy, et al.［2014］）。

① 　商品やサービスの品揃えを供給すること
　小売業者は単品を販売しているというよりも品揃えを販売している（徳永［1980］）。店舗を訪れる顧客は，基本的に複数の商品やサービスの購入もしく

は商品とサービスの組み合わせを購入することになる。そのため，幅広い商品やサービスを顧客に提供することによって，消費者の選択の幅を広げる。また，提供する商品やサービスの幅を広げることによって，一箇所の商業施設で必要とするすべての商品を買い求めようとする消費者の購買行動であるワンストップショッピングを可能とする。

② 小分けにすること

一度に大量に生産することによって，コストを低くすることができる。また，配送も一度に大量に運ぶことで効率的になる。しかし，一度に大量に消費されることはほとんどない。ここに小売業者が小分けをする意義がある。

小売業者は大量に生産されて配送された商品をそのまま販売するのではなく，消費者や家計の消費パターンに合わせた量に小分けすることが求められる。そこでは，効率性の視点だけでなく，消費者が必要とする量を把握することが必要となる。

③ 在庫を保有すること

消費者が店舗を訪れたときに，その店舗がどんなに豊富な商品をそろえていたとしても，ほしい商品がない場合，魅力を感じられないものとなる。はしい商品が手に入らないと消費者が繰り返し感じたときには，その店舗に二度と訪れないかもしれない。そこで，小売業者は消費者にとって必要な商品を常に置いておく，すなわち在庫を保有することが必要であり，品切れを防ぐような体制を構築することになる。

④ サービスを提供すること

小売業者は品揃えを提供することに加えて，さまざまなサービスを提供することがある。単なる商品の売買の場所としてだけでなく，消費者の生活空間の一部として小売業が果たす役割がある。サービスの提供には幅があり，豊富なサービスを提供することもあれば，限定したサービスのみを提供することもある。

　これらの特徴に加えて小売業経営の場合，本部機能と店舗機能の2層構造になっているということがあげられる。本部機能は，店舗開発，立地開発および仕入機能を担うことになるのに対して，店舗機能は，消費者への販売を中心とすることになる。単独店の場合，この両者が1つの部門でなされることができるのに対して，支店を数多く展開したり，チェーン展開したりしているような場合には，しっかりとした分業がなされなければならなくなる。

　なお，この店舗機能は消費者とのインターフェイスとして重要な役割を担うことになる。多くの小売業は店舗をベースとしているが，店舗を用いずに，インターネットやカタログ，訪問販売など，他のインターフェイスによって消費者との接点を持つこともある。

2.　小売業経営の展開

(1)　無店舗小売業の台頭

　小売業は長らく店舗での販売を前提としてきた。店舗において企業と顧客が交流することで展開してきた。そのため，小売業研究は店舗形態の類型（店舗形態）を中心に検討されてきた。

　一方で店舗によらない無店舗販売は，通信販売を中心に発展していった（徳永［1982］）。アメリカのモンゴメリーワードやシアーズローバックなどといった企業は，広大なアメリカの中で，都心部での買物のための移動で苦労している農家を対象とすることで成長していった。

　日本においても，無店舗販売の1つの形態としての行商が長い歴史をもっており，浮世絵にも描かれている江戸の街での食品（魚介類）の販売や配置薬の販売など多様な商品が無店舗でも販売されてきた。

　無店舗小売業としては，小売業と消費者の間のインターフェイスが重要となる。モンゴメリーワードやシアーズローバックは，カタログをつかって商品を紹介し，それを郵便システムによって配達するということを行っていた。通信技術が発展するようになると，カタログに加えてテレビによる商品の紹介（テ

レビショッピング），近年ではインターネットが消費者とのインターフェイスとして利用されるようになる。

　無店舗小売業は，店舗小売業の持つ物理的な制約をクリアにすることが期待される。具体的には在庫スペース，営業時間，顧客のアクセスがある。小売業は店舗面積に応じて商品数（アイテム数）に制限がかかる。また，周辺環境等や店舗スタッフの関係で営業時間も調整が必要となる。さらに，顧客がアクセスできる範囲への立地の問題もある。しかし，無店舗販売はこれらの制約を解決することができる。

　ただし，無店舗小売業では，商流と物流について検討が必要となる。まず顧客とのインターフェイスの構築が必要であり，ユーザー志向であることが求められる。実際の商品を手に取って品質を確かめることが難しいので，他のユーザーの評価やリコメンデーション（推奨商品）などを示すことによって，利用者との関係を構築することが必要となる。

　さらに店舗小売業の商圏範囲よりも広がることで競争が厳しくなるということを踏まえる必要がある。価格競争の回避が求められ，店舗との組み合わせを考える必要が出てきている。

　この無店舗小売業が拡大していることで，店舗小売業も変化が求められるようになっている。具体的には無店舗との組み合わせで商品やサービスを提供するオムニチャネルや，一部小売業では店舗での経験を強調することが行われている。

（2）　プライベート・ブランド開発

　ブランドは誰がそれを設定し，責任を持つかによって大きく2つに分けられる。製造業者が設定するものをナショナル・ブランド（national brand，以下NB），流通業者が設定するものをプライベート・ブランド（private brand，以下PB）という。

　大規模小売業者や卸売業者では以前よりPBの開発に力を入れている。PBを導入する場合，製造業者の製品を購入し，それにブランドを付加しているだけのものと，製品の企画・開発まで積極的に関与しているものがある。

　わが国におけるPBとしては昭和35年にダイエーが導入したのが一号とされている。当初，PBは大手メーカーではなく，中小メーカーが生産することを中心としていた。そのため，価格は安いが品質がいまひとつという印象を持つ消費者も多く，景気が拡大すると顧客が離れてしまう傾向にあるとしている。

　元来，日本人はNBを好むため欧米諸国の小売業と比較すると，わが国におけるPBの導入比率は低いといわれていた。しかし，近年では，PBを積極的に導入しようとする小売業者が多くなっている。PBが導入される理由としては，①低価格化の推進，②粗利益率の向上，が挙げられる。PBがNBよりも低いコストで仕入が行えることにより，これらが可能となっている。

　またPBは独自ブランドとして他店との差別化を行うために導入されることになる。PBは小売業者が設定するブランドであるため，競争する他のチェーン店とは導入できない。NBであれば，他店でも取り扱うことが可能であるため，値下げ競争になったときには収益性が悪化してしまう。価格や品質の面で消費者のニーズに合致したPBを導入できるのであれば，差別化の源泉としてPBを利用することが可能となる。

　日本の小売業者は近年，積極的にPBを導入してきている。導入の特徴としては，統一ブランドとしてPBを採用していることにある。イオングループの「トップバリュ」，セブン＆アイグループによる「セブンプレミアム」を始めとして，多くのPBが導入し，多くの商品群において用いられている。

　また，PBよりも低価格である低価格型PBと価格帯の高いプレミアムPBも導入されている。イオングループでは通常のPBとしてトップバリュの低価格型として「ベストプライスbyトップバリュ」を導入している。

　セブン＆アイグループが導入している「金の○○」シリーズ（セブンゴールドシリーズ）は，プレミアム・ブランドとしてPBを位置づけている。PBを単なる低価格品として位置づけるのではなく，小売業における戦略的商品として，すなわち他店舗や他チェーン店との差別化の要因として位置づけることによって，競争力を発揮しようとするものである。欧米諸国で見られたPBの多様化が日本においても本格的に見られるようになってきているのである。

図表 3-1　多様化する PB とその特徴

	一般的 PB	模倣ブランド	プレミアム・ストア・ブランド	バリュー・イノベーター
戦　略	最低価格 非差別化	低価格で模倣	価値の付加	最も良い成果価格比率
目　標	・低価格の選択肢を提供 ・顧客基盤の拡大	・製造業者への交渉力強化 ・カテゴリーにおける小売業者のシェア拡大	・付加価値製品の提供 ・カテゴリー売上増加 ・マージン増加	・最適価値の提供 ・店舗ロイヤルティの構築 ・クチコミの発生
ブランド化	ブランド名なし	ストアブランドの傘やカテゴリーに特化したブランド	サブブランド，独自ブランドを持った店舗ブランド	バラエティを明示する独自ブランド
価　格	大規模なディスカウント（BL より 20～50％引き）	適当なディスカウント（BL より 5～25％引き）	BL と同等もしくはそれ以上	大規模なディスカウント（BL より 20～50％引き）
カテゴリー	基本的で機能的な製品カテゴリー	強い BL がいる多くのカテゴリー	イメージが重視されるカテゴリー	全カテゴリー

注：BL（ブランドリーダー）。
出所：Kumar and Steenkamp［2007］p.27 より一部抜粋。

（3）　ショッピングセンター開発

　ショッピングセンター（Shopping Center, SC）とは 1 つの単位として計画され，開発され，所有され，管理された商業施設の集合のことを言う（徳永［1992］）。通常，顧客を引き寄せるための店舗（核店舗という）とそれに付随する店舗から構成される。単独で出店するよりもより多くの顧客を引き付けることが期待できる。

　ショッピングセンターには近隣型，地域型，広域型，超広域型に分けられる。近隣型は近隣の消費者の日常生活に必要な食料品や医薬品あるいは雑貨といった最寄品とクリーニングや理髪提供するために建設されたショッピングセンターで，小規模である。核店舗はスーパーマーケットかドラッグストアとなる。地域型ショッピングセンターは最寄品，人的サービスに加えて，紳士・婦人・子供衣料や家庭用器具などの店舗によって構成されたショッピングセンターで，中規模である。核店舗を総合スーパーにすることが多い。

　広域型ショッピングセンターは強力な吸引力を持つ1店舗以上の百貨店や総合スーパーと多くの小規模店舗によって構成，最寄品，買回品を中心としたショッピングセンターであり，大規模である。超広域型は，広域型SCを上回る規模を持つショッピングセンターであり，複数の百貨店とGMSを核店舗とするものである。

　近年，ロードサイドを中心に中規模のショッピングセンターが増えている。さらに，工業地域での大型のショッピングセンターが急速に増えているとしている。大規模ショッピングセンターは魅力のある核店舗を有し，広域から顧客を吸収する。このような動きは小売中心地が大きく移動してきているわが国の商業の特徴を表していると考えられる（田口［2005］）。商店街のような門前町や街道で見られたものから，駅前商店街，それがモータリゼーションの発展とともに，郊外に大型商業集積が生み出されているのである。

　SCにおいては近年，体験型へと転換している動きが見られる。買い物の場所としてのSCではなく，生活空間の中で，生活の楽しみを提供する場所として位置づける動きが見られる。例えば，ららぽーと内には子供の職業体験が可能となる「キッザニア」がある。あるいはイオンモール幕張は「体験」を強調した店舗構成となっている。このように「モノを売る場」から「体験を売る場」としてのSCへと転換が見られる。

第2節　マーチャンダイジング

1．5つの適正

　小売業者が消費者に適切な商品をそろえることに関連して，マーチャンダイジングは重要となる。一般に広く受け入れられているのがアメリカ・マーケティング協会（AMA）のマーチャンダイジングの定義であり，5つの適正として知られている（徳永［1982］）。これらをまとめると以下の通りになる。

a. 適正な商品…標的顧客のニーズに適合した商品のこと
b. 適正な場所…消費者が商品を購入しやすい場所のこと
c. 適正な時期…消費者の商品を購買しようと欲している時期のこと
d. 適正な数量…一定期間内に合理的に販売できる数量のこと
e. 適正な価格…顧客によって納得できる価格のことであり，必ずしも低価格である必要はない

　近年，自然災害の猛威が目につく。ホームセンターではこれらに対応するための商品を提供する。台風や大雨が予想される直前に購入する顧客に対して，商品が提供できなくなることは小売業者のマーチャンダイジングとして不適切となる。つまり，適切な商品を適切な時期に販売できなかったことになる。
　しかし，顧客が必要とするからといって，在庫数量を必要以上にした場合は，不良在庫を抱え込むことになる。顧客が望む商品を必要なだけ取り揃えることが小売業にとって重要となる。もちろん，ここでいう顧客とはすべての顧客ではなく，小売業がターゲットとする顧客になる。

2. 仕　　入

　流通業にとって顧客に評価される品揃えのためには，仕入が重要となる。仕入は，仕入の形態と仕入に関する情報を考慮する必要がある。
　まずは仕入の形態について見ていく。仕入には，買取仕入，委託仕入，消化仕入の3つの形態がある（小宮路 [2005]）。買取仕入とは小売業者が納入業者から商品を買い取る方法である。買取仕入には返品条件が付けられることがある。返品条件付き買取仕入は百貨店が納入業者から商品を買い取る方法で，返品が通常の範囲で実施される。
　委託仕入とは実際に販売された商品の分だけを仕入れすることである。また消化仕入とは，売れるたびに仕入れるという形態をとる。このような仕入形態の多様性は，小売業者および納入業者双方の理由がある。小売業者の場合，在庫を必要以上に持ちたくないということを考える。そこで売れなかった商品を

業者に返すことができるかどうかを検討する。一方，買い取ることが可能であれば，粗利益が高くなる。つまり，買取仕入の特徴として，商品のリスクを持つ，保管や販売を自ら行うことによって値入率を高くすることが可能となる。しかし，商品の良し悪しを判別することが必要であり，売れ残りの発生への対処もしなければならない。

　全ての商品が売り切れるということは，現実的ではない。そのため売れ残りをどうするのか考える必要がある。廃棄をする場合もあれば，返品するということもある。また，消化仕入は，店頭へ商品を納入し，販売された後に仕入という処理を行うことで返品という手続きを回避する。この時，販売されるまでの所有権は納入業者にあるため返品処理をしなくても済むことになる。

　一方，仕入担当者は仕入に関する情報源として各種データを参照する。まず，内部情報として，販売・在庫データがある。これは，過去の結果であるため，恒常商品で利用される。定期的に販売されるような日用品では，よく用いられるデータとなる。販売数量を確認し，必要な在庫水準を下回った場合に補充することなどが多くのコンビニエンス・ストアで行われている。POS システムと連動させることによって有効な仕入に関する情報となる。

　しかし，販売・在庫データは機会損益分析には不適切となる。機会損失とは，商品があれば販売できたということであり，商品が売り切れていて販売できない場合や，そもそも商品がない場合に売上という機会を得ることができなかったということである。そこで，顧客からの要求を基にした顧客要求台帳・顧客要求伝票システムを設けることもある。

　情報化の進展に伴って，内部情報を積極的に活用されている。その反面，より革新的な動きをする場合などは，外部情報を活用することがある。顧客に対する直接的なアンケート調査や，継続的な情報を収集するために，特定の消費者の協力のもと実行する消費者パネルなどは，消費者を視点とした情報収集である。その他，競合店との比較を行う他店比較も，競合他社の動向を把握するために行われる。また，顧客や競争相手以外の利害関係者から情報を収集することもある。業界紙，仕入先，広告媒体は，直接的間接的に企業の仕入情報にとって有益なものを提供することになる。

第3節　商品管理と店舗レイアウト

1. 商品管理

　ここでは商品管理の基本となる各種指標について述べることにする。まずは商品の値入率である。小売業では，仕入原価に粗利益を加える，つまり値入を行うことで売価を決定する。この値入によって店舗や部門の経費，人件費，値下げによる損失をカバーすることになる。

　値入率には2つある。1つは値入額を売価で割る売価値入率であり，もう1つは値入額を原価で割る原価値入率である（徳永［1982］）。小売の店頭においては売価によって運営がなされる。売価値入率は，プライス・ラインにそって小売業経営を管理・方向付け，そして，値引数値や経費数値と比較できるため採用される。一方，原価値入率は会計処理が原価に基づいているために用いられる。

　もう1つは商品回転率（stock over）である。均衡在庫を把握する指標のことであり，一定期間（一般的に1年間）にわたって平均手持在庫が販売されあるいは入れ替えられた時間数のことである。率と表現されているが，売上高を平均在庫高で割ることによって数値を求めることになり，計算結果は回数を示している。数値が高いと商品の売れ行きが良く，商品回転率の高い商品アイテムを「売れ筋」，低い商品を「死に筋」ということもある。

　多くの小売業において商品回転率を向上させることが取り組まれている。回転率を高めることで，新しい商品が在庫され，したがって物理的危険が少なくなる，流行の変遷によって生じる市場価格の下落による危険を少なくする，商品投下資本が少なくてすむ，1個当たりの売上高に対し営業経費が少なくてすむという長所が存在するという効率的な小売経営を行うことができる。

　回転率を高めるためには，

▶商品ラインを整理し，在庫商品の種類を少なくする

▶同一商品の在庫を少なくする

▶回転率の低い商品を取扱商品から排除する

▶在庫水準を低くする

ことが行われる。

　ただし，回転率について考える場合には，その店舗の顧客層との関係や営業目標に沿った回転率向上を目指す必要がある。回転率だけを目標としてしまう場合は，当該店舗の魅力を低めてしまう可能性がある。例えば，常連客が購入する商品を排除すれば，その顧客は来なくなるかもしれない。あるいは回転率の良い商品だけを陳列していても，消費者が求める商品を提供できるとは限らない。そのため，小売業経営においては，常に小売店頭を観察することも必要となる。

2.　店舗レイアウト

　消費者が店舗に滞在する時間が短くなってきているといわれている。ほしい物が予め決まっている場合，あるいは入店してから考える場合であっても，気に入った者がなければ購入しなくなってきており，できる限り消費者に短時間で気付いてもらうようにしなければならない。

　その点で，店舗のレイアウトは非常に重要になっている。店舗レイアウトの基本となるのが基本レイアウト，ゾーニングそして動線である（小宮路 [2005]）。店舗の基本レイアウトは 3 つに大別される（Levy, et al. [2014]）。まず，格子型レイアウトは，食品スーパーやドラッグストア，あるいは他の量販店で見られる形式であり，長い什器が店内の大部分に配置され格子状になっているものである。このレイアウトは，消費者が商品を探しやすい，店内に無駄な空間が少なくなることで効率的な運営が可能となる。さらに店舗管理上，什器の種類が少なくてすむという利点があるため，チェーンストアでは，什器の確保という店からも多く導入される形式である。ただし，このレイアウトの問題として，店舗内にあるすべての商品を消費者が見るわけではないことである。つまり，消費者の動線を意識した陳列が必要となる。

　競技場型レイアウトとは，ループ型とも言われているものである。競技場のような形態をとるもので，このレイアウトを採る小売店やショッピングセン

トーでは，さまざまな角度から売り場が目に入ってくるようになっている。そのため，消費者は多くの売り場に目を留めることになる。

　自由形式型レイアウトは小規模な店舗や大型店の中の各売り場で採用されることがものである。格子型とは正反対に位置づけられ，什器や通路を非対称的にレイアウトするものである。レイアウトの工夫によって，消費者がリラックスする空間を作り出すことができる。

　自由形式型の問題点として店舗にかかるコストが高くなると言うことがある。什器が特別発注となるため，よく考えた配列とすることが求められる。さらに，格子型や競技場型と比べて消費者が自由に動いてしまうため，目的の商品を見せることができなくなる可能性がある。

　ゾーニングとは，商品を店内にどのように配置するのかを決める，すなわち売り場のゾーンを決めることにある。一般に，商品のカテゴリーごとに分けられることが多い。しかし，用途が似ているものは隣接して配置した方が顧客の利便性は高まる。米国の量販店では，その店舗のお勧め商品を他店舗との価格を提示して入り口に置くことが多い。

　動線とは，店舗内における人の流れのことである。動線は客，販売員，管理の３つに分けることができる。特に客動線が重要となる。つまり，顧客がどのような道筋で買い物をしているのかを知ることによって，消費者が足を向けていない売り場の把握と購入の順番を知ることによってレイアウトを改良することができる。

＜参考文献＞

小宮路雅博［2005］『現代の小売流通』同文舘出版。
田口冬樹［2005］『体系流通論』白桃書房。
徳永　豊［1980］『流通マン入門・再入門』ダイヤモンド社。
徳永　豊［1982］『戦略的商品管理（改訂版）』同文舘出版。
徳永　豊［1992］『アメリカの流通業の歴史に学ぶ（第2版）』中央経済社。
Kumar, N. and J. Steenkamp［2007］*Private Label Strategy*, Harvard Business School Press.
Levy, M., B. Weitz and D. Grewal［2014］*Retailing Management*, McGraw-Hill/Irwin.

（庄司　真人）

第4章

卸売業の役割と諸形態

— **本章のねらい** —

① 卸売業の概念を小売業のそれとの対比を通じて理解する。

② 流通機構における卸売業の役割（機能）を理解する。

③ 卸売業の諸形態をそれぞれの基準に沿って理解する。

④ 卸売業の現状を理解する。

⑤ 卸売業の今後の課題を創意工夫してみる。

　われわれの日々の生活は財，とりわけ経済財である商品の消費によって支えられている。このような消費のためには，商品を生産しなければならないが，われわれのほとんどはその生産を他人に依存している。商品の生産者と消費者が異なる主体であり，分離した状況下では両者を結びつける機能が欠かせない。この機能，つまり商品を生産者のところから消費者のところまで移転する経済的諸活動を‘流通’と呼ぶ。

　流通による商品の移転は，そのプロセスに参画する生産機関（生産者），商業機関（卸売業者および小売業者），および消費機関（消費者）を含む全機関の流通活動全体が，連鎖関係をもって結合されることによって初めて可能となる。ある商品の流通に関わる全機関の統合的で組織的な活動が安定的に持続し，定型化されたものを‘流通機構’という。そのうち，商業機関の連鎖で構成される部分を‘商業機構’と呼ぶ[1]。

図表 4-1　流通機構の基本的構成員

生産者→〔商業機構（商業機関：卸売業者→小売業者）〕→消費者

出所：筆者作成。

　本章のねらいは，まず，商業機関の 2 つの軸である卸売業者と小売業者のうち，前者が行う卸売業の概念を理解すると共に，その役割（機能）と諸形態に関する理解を深めることにある。次に，卸売業者の現状を理解し，今後の課題を創意工夫してみることにある。

第 1 節　卸売業の概念の理解
―小売との対比を通じて―

　商業機関の 2 つの軸がそれぞれ行っている活動という意味において，卸売は小売と対比させてその概念を理解していくのがより合理的であろう。最終消費者に対する商品とそれに付随するサービスの販売を‘小売’という。一方，再販売業者または産業用ないし業務用使用者に対する商品とそれに付随するサービスの販売を‘卸売’という。このような卸売活動を主たる業としているものを‘卸売業者’というのである。

1.　卸売の特徴

　したがって，小売との対比を通じて卸売の特徴を浮かび上がらせると，次のようになる[2]。
① 　卸売と小売との最も基本的な区別は，その販売先が誰であるかによる。
② 　したがって，どこから仕入れるかということは，卸売と小売の区別には関係ない。卸売業でも商社や 1 次卸売業から仕入れている割合は多く，また小売業者が直接生産者から仕入れているものも少なくない。
③ 　販売先の購買動機は，小売の場合は個人的な消費満足や享楽であるのに

対し，卸売の場合は利潤ないし業務上の使用にある。

④　1回の取引量の大きさは，卸・小売を区別する根源的要素ではないが，例外を除けば，比較的に卸売は大，小売は小である。

⑤　産業用ないし業務用使用者（これらを一般にユーザー＝user といい，小売の対象である最終消費者と区分する）への販売は，たとえそれが少量であっても小売ではなく，卸売になる。

2.　卸売の販売先

以上のように，卸売の概念を規定するならば，小売との決定的な差異は，何よりも販売先が誰なのかによる。小売の販売先は個人的な消費満足や享楽を追求する最終消費者であるのに対し，卸売のそれは利潤ないし業務上の目的を追求する再販売業者または産業用ないし業務用使用者である。

それゆえに，卸売の販売先は小売のそれに比べてより広範囲にわたる。卸売の販売先をより詳細に示せば，以下のごとくである[3]。

1)　再販売業者

①　2次，3次，時には4次以下の卸売業者

②　あらゆるタイプと種類の小売業者

2)　産業用使用者

③　製造業者，鉱山業者，農林水畜産業者，その他の生産者

④　土木建設業者，鉄道，通信などの設備や資材を購買，使用する事業者

3)　業務用使用者

⑤　オフィス，官公庁，学校，病院などの業務用に設備や資材を購入する機関

⑥　理髪店，美容院，クリーニング店など，いわゆるサービス業者

⑦　レストラン，ホテル，喫茶店など，業務用に主として飲食料品を購入する事務所

⑧　医師，弁護士，会計士など，いわゆる特殊専門業者

⑨　再販売を目的とせず，業務用の使用（例えば包装資材，陳列用設備，事

務用品など）のために設備や資材を購入する商店

　上記のように，卸売の販売領域は小売のそれに比べて広範囲にわたる。卸売販売は，生産者が自ら直接に販売するものと，小売販売とを除いたすべてであるといって良い。ここで，1つ注意を要するのは，'卸売販売' と '卸売取引' とを区分して考えることである。

　卸売販売は卸売機関による販売だけに限定する。一方，卸売取引は卸売機関，小売機関，産業用あるいは業務用使用者による仕入れや購買を含むということである。したがって，製造業やその他の生産者によるこれらへの販売は，卸売販売には含まれないが，卸売取引には含まれることになる[4]。

第2節　卸売業の役割

　卸売業の役割あるいは機能については，さまざまな見解がある。ここでは，まず，卸売業の最大の特徴である最終消費者を販売先としないことにかんがみて，その在来的な機能を，(1)対仕入先（生産者）および対販売先（顧客：再販売業者または産業用ないし業務用使用者）の両方，(2)対仕入先（生産者），(3)対販売先（顧客）という基準を用いて大きく3つに分ける。次に，その各々をさらに細分して示すことにする[5]。

1. 対仕入先および対販売先の両方に関わる需給調整機能

① 生産と消費の連繋機能：卸売業者の根本的機能であり，この機能からその他の諸機能が派生するといっても過言ではない。

② 取引単純化機能：卸売業者の存在によって，生産者と小売業者（その他の再販売業者，産業用・業務用使用者）間の取引を非常に単純化することができる。

③　商品の数量的調整機能：この機能を遂行する際，下記の 3 つの方法が採用される。

a. 大量購入・少量分散販売，b. 蒐集購入・分散販売，c. 蒐集購入・大量販売

④　商品の時期的調整機能：この機能を遂行するためには，保管とあわせて金融の機能が付随してくる。

⑤　商品貯水池機能：卸売業者が商品の数量的・時期的調整機能を果たすためには，この機能が欠かせない。

⑥　需給変動調整機能：卸売業者は商品貯水池としての役割を果たすことによって，需給の変動を調整している。とりわけ，彼らはその急激なアンバランスを回避する機能を遂行している。

⑦　輸送機能：運輸機関の選定，交渉，さらには包装・荷造りといった輸送に関する種々の機能を遂行している。

⑧　流通費節減機能：卸売業者が介在することによって，流通費が増大する場合もある。したがって，この機能を果たせない卸売業者は流通機構から排除されることになる。

⑨　価格平準化機能：卸売業者は価格変動の波をあたかもクッションのごとき吸収することによって，価格の安定化・平準化に寄与している。

⑩　危険負担機能：卸売業者は商品の物理的および経済的危険を負担することによって，流通の円滑化に寄与している。

2.　対仕入先（生産者）に関わる指導・援助機能

①　生産者金融機能：生産者への資金の前貸し，現金購入，手形取引による金融機能を果たしている。

②　生産者情報提供機能：生産者にとって必要な市場情報（当該企業の商品の売り上げ動向，競争業者の商品動向，流行など）の提供を行っている。

③　生産指導機能：生産者の生産活動に必要とされる指導指針の提供であり，製造の時期，価格，生産量などを指導することがこれに当たる。

④ 生産促進機能：生産者が市場動向に敏感に反応するためには，卸売業者からの適切な助言・催促が必要とされる。

⑤ 生産安定化機能：例えば，小売業者の無計画かつ不安定な注文は，生産者の生産活動に大きなリスクを負わせることになる。この場合，卸売業者は先見的予測と計画性に基づく比較的大量の注文によって，生産活動の安定化に寄与できる。

⑥ 商品開発促進機能：生産者の新製品開発に必要な情報提供や助言のことである。

⑦ 市場開拓機能：生産者に代わり市場開拓のための広告活動や販売員活動などの支援を行うことである。

3. 対販売先（顧客）に関わる指導・援助機能

① 顧客金融機能：特殊な商品を除いて，一般に卸売業者は小売業者やその他の顧客に対して掛け売り，あるいは延べ払い販売を行っている。さらに手形販売もこれに入る。

② 顧客情報提供機能：卸売業者は，個店の保有している情報より広いさまざまな顧客情報を提供できる。これらの情報は刊行物，営業担当者，会議・打ち合わせ等を通じて提供される。

③ 新製品紹介機能：卸売業者は新製品の動向，その販売方法などを提供できる。

④ 品質保証，標準化機能：中小メーカーの負担しきれない品質保証や標準化を提供する。卸売業者が自社のプライベート・ブランドを付与して提供する場合もある。

⑤ 適時，適量在庫機能：適正商品を適時・適量に確保することによって小売業者の在庫負担の低減に寄与する。

⑥ 販売指導機能：小売業者の経営ならびに販売を指導・支援する。ディーラーヘルプス（dealer helps）がその中核となる。

⑦ 教育，訓練機能：小売店の経営者，管理者，従業員に対する教育・訓練

といった諸活動を行う。

　1. で示した各種の機能は，卸売業者が流通機構の中枢として需給調整を図る際に果たし得る役割の種類である。卸売業者はそれらの役割を通じて全般的な流通過程の円滑化および安定化に寄与しているのである。2. と 3. で示した各種の機能は，それぞれ卸売業者が仕入先（生産者）や販売先（顧客）に対して寄与し得る役割の種類である。

　しかし，卸売業の機能や役割は状況の変遷と共に変わってきている。卸売業の在来的な機能とみなされていたもののうち，今日でも存続しているものもあれば，その影が薄れてきたものもある。また，時代の要請に応える形で新しく生まれてくる機能もある。したがって，卸売業者は置かれている状況に照らしながら，上記の機能やその組み合わせを効果的かつ効率的に遂行することによって，存在意義を確保すると共に，生き残りを図ることができるのである。

第 3 節　卸売業の諸形態

　卸売業という場合，論者によってさまざまな解釈がある。オーソドックスな議論からすれば，卸売を業とする事業体のすべてが卸売業である。これは最も広義の解釈であって，この場合，卸売業は卸売機関と一致する。ところが，卸売業とは，卸売商を中核とする，いわば卸売業商のことであって，総合商社やメーカーの販売会社，農協といった機関は含まないという議論もある[6]。

　この節では，卸売業に関するより広い理解を助けるために，最も広義の解釈を採用ことにする。ただし，卸売を業とする事業体という意味も，卸売を主として業とすると解する必要がある。なぜならば，小売業の中でも卸売を兼ねているものもあり，また逆に，卸売業でも小売を兼ねているものがある。要するに，いずれの業務を主としているかによって区別するほかはないのである[7]。

1. 卸売業の広義の分類

卸売業を最も広義に解した場合，以下の 6 つの形態が識別される[8]。

① 卸売商業者（卸売商）：卸売機関の中で，最も重要な地位と役割を担当している。

② 生産者（主に製造業者）の営業所，販売会社：生産者の中で，最も多いのは製造業者であるが，この形態は製造業者の所有下で経営されているものの，別の法人格としての卸販売機関である。

③ 総合商社：原材料，資本財，産業財および 1 次産業の商品を取り扱う割合が高く，かつ部門別に多種類・多業種の商品の国内販売ならびに輸出入取引を行う大規模卸売業者であり，特定の一製造業者の販売会社ではないことが特徴である。

④ 代理店，ブローカー：機能的卸売商業者であり，売買の取引は行うが，商品の所有権を取得しない業者である。

⑤ 集荷業者：主として農産物（海産物を扱うものもある）を扱う卸売業者である。その機能は，農産地またはそれらの商品のセンターにあって農産物（果実を含む）を集荷し，まとめて中央市場または消費地へ送り出す業務に従事する。

⑥ 協同組合：卸売機関として重要な役割を果たしており，その種類には，工業協同組合，商業協同組合，農業協同組合，消費者生活協同組合，および商工組合がある。

2. さまざまな分類基準を用いた卸売業の諸形態

さらに，卸売業は用いる基準によって，その形態がさまざまに分類されるが，主たる分類基準として，(1)規模，(2)取扱商品の幅，(3)立地・商圏，(4)流通経路上の位置づけや役割，(5)経営主体と運営形態，(6)卸売業の遂行機能範囲，(7)所有権，(8)取引先を設定することができる。それらをより詳しく解説すると，以下のごとくである[9]。

（1）　規模による分類

①　大規模卸売業：中小企業基本法によると，資本金・出資金 1 億円以上，または従業員数 100 人以上の卸売業者である。

②　中小規模卸売業：同上の法によると，資本金・出資金 1 億円以下，または従業員数 100 人以下の卸売業者である。

（2）　取扱商品の幅による分類

①　総合卸売業（general merchandise wholesaler）：取扱商品の関連性に関わらず，多数の商品ラインを取り扱う卸売業者である。

②　限定卸売業（limited-line wholesaler）：特定の商品ラインのみを取り扱う卸売業者である。

③　専門卸売業（speciality wholesaler）：限定卸売業よりもさらに狭いラインの商品のみを取り扱う卸売業者である。

（3）　立地・商圏による分類

①　産地卸：生産地に所在し，農産物や水産物のように生産者と再販売業者が小規模で多数の場合，これらの生産物を集荷する業者である。

②　集散地卸：交通の要所や大都市に所在し，商品の集荷機能と分散機能の両方を担当する業者であり，仲継卸ともいわれる。

③　消費地卸：消費地に所在し，当該地域の小売業と直結し，卸売機能の末端を担うため，分散卸ともいわれる。

④　全国卸売業：全国市場を対象とする卸売業者である。特に，大都市に本社を置き，地方に支店や営業所を置くなどして，全国の卸売業や小売業などとの取引を行う業者である。

⑤　地域卸売業：全国市場を対象としないが，いくつかの都道府県にまたがり，営業活動を行っている卸売業者である。

⑥　地方卸売業：1 つまたは 2 つの県に限定して営業を展開する卸売業者である。

（4） 流通経路上の位置づけや役割による分類

① 生産者との取引上の位置づけによる分類：生産者を川上として，そこか
   ら1次卸（元卸とも呼ばれており，メーカーから直接仕入れる卸売業者），
   2次卸（1次卸から仕入れる卸売業者），3次卸（2次卸から仕入れる卸売
   業者）といった順番に分類される。

② 流通過程において遂行する役割に基づく分類：収集卸（生産者から商品
   を収集する。通常は産地に立地しているため，産地卸ともいう），仲継卸（交
   通の要所や大都市に所在し，仲継機能を果たす。集散地卸ともいう），分
   散卸（通常は消費地に立地し，商品を分散させるため，消費地卸ともいう）
   に分類される。

（5） 経営主体と運営形態による分類

1）卸売業の単独経営主体

① 独立卸売業：経営の主体が独立した卸売業者である。

② 製造卸売業：卸売活動が主であるため，統計上は卸売業に属するが，部
   分的に製造活動も行っている卸売業者である。

③ 製造卸売機関：生産者の販売子会社や販売支店および営業所などがその
   例で，生産者の組織の一部となっている卸売機関である。

④ 小売兼営卸売業：小売と卸売活動を兼ねている場合を指すが，主に卸売
   業者が小売業を兼営している。

⑤ 総合商社：卸売業者のうち，国内販売の他に，貿易を主とするものを指
   す。取扱商品が例えば，'食料品から戦闘機まで'というように非常に幅
   広い。販売だけでなく，金融，情報，開発，オルガナイザー的役割も果た
   すなど，その活動範囲も非常に広い。

2）卸売業の共同経営主体

① 協同卸売機関：ボランタリー・チェーン，コーペラティブ・チェーン，
   およびフランチャイズ・チェーン本部などの仕入機関を指す。

② 協同組合卸売業：協同組合の形で独立して仕入を行う卸売機関を指す。

③　生産者・消費者協同組合卸売機関：生産者または消費者の協同組合が所有する共同購入機関を指す。農協や生協などの卸売活動を行う協同機関も含まれる。

(6)　卸売業の遂行機能範囲による分類

1)　完全機能卸売業者（full-function wholesaler）

卸売業のすべての機能を遂行する業者を指す。

①　業種別卸売業：同一種類の商品を取り扱う業種別総合卸売業と，同一種類の商品内の特定の商品およびそれに関連した商品を取り扱う業種別総合卸売業に大別される。

②　総合商社：内容は既に上記してあるが，日本独自のもので韓国にもみられる。その他の卸売業よりも広範な業務内容を特徴としている。

2)　限定機能卸売業者（limited-function wholesaler）

卸売業の諸機能のうち，一部の機能を遂行する業者を指す。より詳しく分けると，以下のごとくである。

①　現金持ち帰り卸売業者（cash and carry wholesaler）：現金問屋ともいわれ，取引を現金のみで行うが，流通上の金融機能は担当しない。特に，小規模な小売業者は商品の代金を現金で支払い，その購入した商品を自ら運搬するのが特徴である。

②　注文取次卸売業者（desk-jobber）：小売業者や業務用の使用者に代わり，商品の仕入れを代行する卸売業者である。取引に関する危険負担や信用販売および集金を自ら行うが，在庫や輸送機能は担当しない。典型的な例は，書籍の流通において見られる。この業者は商品の所有権を持つため，ブローカーとは異なる。また，この業者は商品自体が大きかったり，1 回の取引量がまとまったり，新鮮さが要求されたりするような商品領域で発達している。

③　帳合卸売業者：ある小売店が継続的に取引している特定の卸売業者との取引関係を帳合という。小売店から見ると，特定商品の仕入れを長期的に

固定化している卸売業者が帳合卸売業者となる。最近では，生産者が小売店へ商品を直送しているため，代金回収や危険負担という限定した機能のみを遂行する。

④　車積販売卸売業者（truck wholesaler）：商品をトラックやワゴン車などに積み，小規模な小売業者や飲食業などの顧客を相手に巡回し，店頭で受注し，その場で商品を引き渡し，代金決済を行う業者である。

⑤　ラック・ジョバー（rack jobber）：小売店から店舗内のラック（棚）の管理を任された卸売業者である。商品の所有権は，小売店側にあるが，ラック・ジョバーは小売店に代わり，当該店舗における棚の品揃えや組み合わせ，プロモーション，商品補充を任される。

⑥　通信販売卸売業（mail order wholesaler）：販売先にカタログやダイレクトメール，インターネットなどを利用して情報を提供し，送られてきた注文書に基づき，商品を配送する卸売業者である。

（7）　所有権による分類

①　代理商（agent）：特定の生産者や卸売業者のために，継続的に商品の販売・買付けなどを行ったり，取引の媒介を行ったりするものである。代理商は特定業者の専属の売買代理人であるという点で，仲立人とは大きく異なる。

②　仲立人（broker）：不特定多数の業者のために商品の売買などの媒介を行う仲介者である。したがって，商品の物理的な取扱いをせずに，売買の斡旋により，手数料を得る卸売業者である。

③　問屋（commission merchant）：商法上の規定に基づくと，問屋は売買を成立させる流通業者として，手数料を得るコミッション・マーチャントである。したがって，取引の責任は負うが，所有権はない。

（8）　取引先による分類

①　元卸：生産者や海外から仕入れて他の卸売業者に販売する業者を指す。

②　中間卸売業：他の卸売業者から仕入れ，また他の卸売業に販売する業者

を指す。

③　直接卸（直卸）：生産者から仕入れ，直接小売業者や産業用・業務用使用者に販売する業者を指す。

④　最終卸：他の卸売業者から仕入れ，小売業者や産業用・業務用使用者に販売する業者を指す。

第4節　卸売業の現状と課題

交通や通信技術の発展が不十分である程，局地的な市場が形成される。このような状況下で長い間，卸売業者は流通機構におけるその他の構成員に比べ，いち早く情報力および資本力を蓄積できたのであり，流通プロセスの統合者としての役割を担ってきた。

マーケティング事象に関する体系的研究への糸口を切り拓いたと認められる Shaw［1912］[10] によれば，当時（19世紀後半〜20世紀初頭）の中間商人，すなわち卸売業者は以下のような機能を遂行していたという[11]。

（1）危険負担，（2）輸送，（3）金融，（4）販売（財のアイディアの伝達），
（5）蒐集・類別取揃え・再出荷

上記の機能をみればわかるように，当時に至るまで，卸売業者は流通に関わるすべての機能を主導的に担当していたのであり，彼らの利害関心の下で，国内および海外における流通の諸問題が調整されてきた。しかし，交通や通信技術の発展や社会的諸制度の整備と共に，大規模な商人的製造業者（merchant-producer）[12] および小売業者の登場によって，卸売業者の地位は劇的な変化を迎えることになる。

交通や通信技術の発展や社会的諸制度の整備は，専門分化を促進する力として作用し，上記の（1）の機能は保険会社へ，（2）は運輸会社へ，（3）は銀行へと，その主導的地位が移行していった。また，（4)も南北戦争（1861年〜1865年）

を契機に卸売業者からの金融的自立を果たした商人的製造業者へと主導的地位が移行し[13]，結局，卸売業者の主導的役割は（5）に限定されていったのである。

　それ以来，商人的製造業者は，いわゆるトラスト・マニアの時代（1897年～1904年頃）を経て，全国的な市場における支配力を急速に増していった。一方，アメリカの小売業の場合，19世紀後半から百貨店や通信販売店あるいはチェーン・ストアといった大規模な小売業者の成立を見た。そのうち，19世紀末から1920年代にかけて急成長を遂げた単一資本多店舗展開を特徴とするチェーン・ストアは，大量仕入と現金払いによるバイイング・パワー（buying power）を活用する形で，当時の卸売業者の地位を脅かす存在になったのである。

　かかる状況の変化[14]は，流通プロセスにおいて卸売業者の排除や無用論につながり，今日に至るまで卸売業者は厳しい立場を余儀なくされている。このような状況に置かれている卸売業者に対し，下記の図表4-2の'戦略的商品・市場管理の展開'が1つの解決策として提案されている。この提案を批判的に

図表4-2　戦略的商品・市場管理の展開[15]

		商品（マーチャンダイジング，機能）	
		既　　　存	新　　　規
市場（商圏、チャネル）	既存	既存商品・既存市場強化戦略 ①商圏，チャネルの見直しによる成長商圏，成長チャネルの確認と対策強化 ②商圏，チャネルに適合する商品選択と有効機能の明確化 ③サービス機能の充実による取引優位性の確保 ④インストア・マーチャンダイジング・ノウハウ強化によるインストア・シェアの向上	新規商品拡大戦略 ①商品ライン拡大による小売ニーズへの対応力強化と取引シェア・アップ ②情報を中心とした新規サービス機能の付加，有効機能の強化 ③商品組み合わせや新包装開発による流通加工機能の発揮
	新規	新規市場開拓戦略 ①地理的商圏拡大，未開拓商圏進出 ②新規チャネル（小売業態，個店）の開店 ③新市場セグメント開拓（事業所など） ④消費者，ユーザーへの直接アプローチ	多角化戦略 ①新規商品拡大戦略と新規市場開拓戦略の統合 ②既存の経営資源（機能，技術，設備，建物，要員など）の活用による新規商品拡大，新規市場開拓 ③新規事業の開発

吟味し，致命的な問題が見つからない限り，それをベースに試行錯誤を繰り返しながら，いかに価値のある卸売業のビジネス・モデルを築き上げるかという創意工夫が今後も問われるであろう。

<注>

1) 小島編著［1978］293 頁。
2) 三上［1975］28 頁。
3) 三上［1975］28-29 頁。
4) 三上［1975］29 頁。
5) 三上［1961］99-116 頁，および三上［1975］50-64 頁。すべての分類という知的営みは，設定した観点や基準の数だけ，その仕方が異なってくるものである。それゆえに，便宜的な側面を持っている。したがって，本質的な分類やその妥当性をめぐる討論は実りのあるものには決してなり得ず，むしろ不毛な議論である。但し，既存分類の仕方と比べてより簡単明瞭になっているか，あるいはより精緻化されているかは議論できる。また良い分類は，設定した基準の下で，すべての要素が網羅されていて，しかもその要素の間に相互排他性が認められる場合である。
6) 三上［1975］31 頁。
7) 三上［1975］31 頁。
8) 三上［1961］59-67 頁，および三上［1975］31-33 頁。
9) 石川［2013］171-178 頁。
10) Shaw の論文は，3 年後，第 1 章‘経営諸活動の性質と関係’が加筆されて単行本［1915］として出版されることになった。
11) Shaw［1915］p.76，および訳書［2006］67 頁。
12) 商人的製造業者（merchant-producer）という名称は，製造業者でありながら，以前，商人に任せていた対市場活動をも積極的に展開していたということで，その名が与えられた。
13) より詳しい事情は，堀田［2003］の第 5 章，Porter and Livesay［1971］とその訳書である山中ほか訳［1983］を参照されたい。
14) そのようなアメリカにおける状況の変化は，日本にも見られる。日本の場合は，第二次世界大戦とその後にインフレーションが発生し，卸売業者の資本力が弱体化したことを皮切りに，アメリカと同様の道をたどることになる。
15) 村田［1985］38 頁。

<参考文献>

石川和男［2013］『基礎からの商業と流通（第 3 版）』中央経済社。
小島三郎編著［1978］『現代経営学事典』税務経理協会。
堀田一善［2003］『マーケティング思想史の中の広告研究』日本経済新聞社。
三上富三郎［1961］『卸売業経営』同文舘出版。
三上富三郎［1975］『卸売業：経営と診断』東京教学社。
村田昭治［1985］「現代の流通変革と卸売業」『三田商学研究』第 28 巻第 1 号，慶應義塾

大学商学会，4月。

Porter, G. and H. C. Livesay [1971] *Merchants and Manufactureres* : Studies in the Changing Structure of Nineteenth-Century Marketing, The John Hopkins University Press. (山中豊国・中野安・光澤滋朗訳 [1983]『経営革新と流通支配：生成期マーケティングの研究』ミネルヴァ書房。)

Shaw, A. W. [1912] "Some Problems in Market Distribution," *Quarterly Journal of Economics*, Vol.26, August. ; published in book form, 1915, same title, Cambridge : Harvard University Press.（伊藤康雄・水野裕正訳 [1988]『市場配給の理論』文眞堂，改題第2刷。），（丹下博文訳・解説『市場流通に関する諸問題：基本的な企業経営原理の応用について』白桃書房，初版：1992年，増補改訂版：1998年，新版：2006年。)

（余　漢燮）

第5章

卸売業の経営

══ 本章のねらい ══
① 1990年代以降，卸売業とメーカー，小売業との関係変化について，卸売業が遂行する機能変化として捉える。
② 卸売業を取り巻く取引慣行をメーカーによる流通チャネル支配変化の視点で捉える。
③ 卸売業経営の根幹である仕入，販売，物流の要素を押さえ，さらに情報システム，組織管理，教育の重要性を理解する。
④ 卸売業がこれまで遂行してきた情報縮約機能と物流機能については，現代社会でも重要なことを理解する。
⑤ 卸売業の上位集中化が進む一方で，今後中小卸売業が取りうるべき手法を捉える。

第1節　卸売業経営の理解に向けて

　第4章では，卸売業の役割と諸形態を取り上げた。本章では，卸売業の環境にふれた後，卸売業の経営実態について把握する。そして，卸売業の経営基盤を明確にしたうえで，今後の成長の方向に言及する。一口に卸売業といっても，流通段階での位置づけ，取扱商品，取引相手（仕入先・販売先）により，その機能が異なり，経営も多様である。本章では，主として消費財を扱い，仕入先をメーカー，販売先を小売業とする卸売業を対象とする。したがって，産業財

を扱い、業務用に購入する組織に販売する卸売業とは、かなり相違がある。また、わが国では卸売業は、資本金または出資金1億円、就業者数100人という基準で、大規模卸売業と中小規模卸売業に区分される。各区分付近の卸売業は大差がないが、規模の相違は経営に大きく影響する。この点も意識し、卸売業経営の活路に言及していきたい。

第2節　卸売業を取り巻く環境

1.　卸売業の環境変化

（1）　流通チャネル上の地位変化

わが国では、1960年代前半の「流通革命論」や「問屋無用論」以降、大規模メーカーと大規模小売業による流通チャネルへの影響力が強くなり、卸売業の存在意義が問われ始めた。それ以前は、メーカーや小売業では、卸売業に多くの機能を依存した程度が強かった。

一方、卸売業を取り巻く競争は、卸売業間での水平的競争、卸売業と小売業、卸売業とメーカーという垂直的競争の二面がある。欧米で卸売業が直面した最大の課題は、大規模小売業との競争であった。つまり、大規模小売業が卸売業の機能を代替し、メーカーとの直接取引を実現するようになり、流通チャネル上の地位が変化した。そして卸売業は、流通チャネルの川上・川下双方からの圧力により、排除の危機に晒されるようになった[1]。

（2）　断続的に続く卸売業の環境変化

わが国経済の変化により、卸売業の環境は厳しくなった。第1に卸売業では、中小規模小売業の衰退により、販売先が減少した。卸売業は、分散する小売業に対して効率的に販売するため、集約的に商品を扱ってきた。この多数の小売業との取引が、卸売業の優位性であったが、小売業自体が減少した。第2に卸

売業では，中小規模小売業の衰退により，大規模小売業との取引割合が相対的に上昇した。ここでは，価格や納品条件が交渉の中心となり，卸売業には負担となった。さらに大規模小売業との間に情報ネットワークを構築するため，これらに対する投資が負担となった。第3に卸売業は，メーカーと小売業という川上・川下の取引相手双方から選別されるようになった。メーカーからは以前とは異なる対応が要求されるようになり，それに対応可能な卸売業は成長し，上位集中化が進んだ。他方，それが不可能な卸売業は，当該流通チャネルから排除されることとなった[2]。このような卸売業の環境変化は，半世紀前から断続的に起こり，現在も継続している。

2.　卸売業を取り巻く取引慣行

(1)　卸売業の規模による成長の差
　一般的に卸売業と小売業との取引は，中小規模卸売業と中小規模小売業，大規模卸売業と大規模小売業という各規模に相応の関係が形成される。近年の卸売業における格差増大は，この関係が影響している。そこでは，中小規模小売業と取引する中小規模卸売業が停滞し，大規模小売業と取引する大規模卸売業が成長した。特に情報システム化投資を行った大規模卸売業・小売業，行わなかった（行えなかった）中小規模卸売業・小売業との差は歴然としたものとなった。一方，卸売業と小売業との取引関係だけではなく，卸売業とメーカー間にも多様な関係が形成され，その中で特殊な取引慣行が生成してきた。それはわが国の卸売業の存立には，建値制，リベート制，返品制に代表される取引慣行に基盤があった。

(2)　これまでの卸売業を取り巻く商慣行
　建値制は，メーカーが価格主導権を持ち，販売する商品の出荷価格だけでなく，卸売・小売価格を提示し，卸売業および小売業が得るマージンを規定する。つまり，メーカーが卸売業の粗利益率の指定，利益を保証することになる[3]。また建値制は，メーカーによる顧客処遇であり，顧客間の販売活動を調整する

私的規制の性格がある[4]。次にリベートも卸売業の有力な利益源となる。リベートには多種多様な形態があるが，価格維持や専売強化につながると規制対象となる。卸売業では，以前のようにリベートに依存した経営が継続できず，卸売業の経営力が弱体化した。さらに返品制は，特に小売業に対して一旦販売した商品を特定条件で，再度引き取る制度である。百貨店との取引でよく見られるが，卸売業が返品を受容するだけでなく，メーカーにも受容させる。流通業者が危険を負担しない点では，買取制と異なり，販売におけるリスク感覚の欠如につながり，双方を弱体化させる。

　このような卸売業における商慣行は，卸売業が一時的に不利益を被ることもあったが，長期的・全体的な視野からは，利益をもたらすものであった。しかし，時代の流れとともにこのような商慣行が法律違反となり，消費者利益に反する面も出てきた。

第3節　卸売業の経営実態の把握

1．卸売業の経営行動

　売上高粗利益率は各産業で異なる。卸売業では取扱商品で全く異なることもある。卸売業のなかでも，商品を企画し，自社ブランドで販売し，危険を負担するメーカーに近い卸売業は高く，食品や日用雑貨品のように再販売するだけの卸売業は低い。卸売業は，小売業とは経営環境や遂行機能が異なるため，単純に粗利益率による比較はできないが，売上高営業利益率や売上高経常利益率，純利益率などは，小売業よりも低い。これは卸売業が，機能を十分に遂行せず，利益が少ないために，情報システム化が遅滞しているともいえる。ただ，一部の卸売業を除き，低利益率と効率的なシステム構築能力がないため，縮小再生産過程を進んでいる状況にある[5]。

　中小規模卸売業ではその傾向が顕著であるが，その経営行動は3つに類型化

されている。それは，①厳しい環境で競争相手が脱落し，時間経過の中で再度の経営安定を期待するグループ，②先行き不透明であるが卸売経営しかできないため，限界まで経営を継続するグループ，③卸売経営は多角的事業の一環で，極端な損失がなければ，経営を継続するグループ，である。他方，情報システム化に対する投資力があり，大規模小売業や大規模メーカーが背後に存在するなど，環境変化に対応し，流通チャネルでも主導権を握れる企業もある。さらに卸売での新業態への転換，小売業への参入もある。資金的余裕があり，卸売への執着がなく，明確な経営方針が確立されると，転換は比較的容易である[6]。ただ戦略的に長期的展望を持ち，経営している卸売業は僅かである。

2.　卸売業の機能変化

（1）　卸売段階の上位集中化

　かつて大規模メーカーは，多くの特約店と卸売業のネットワークを維持していた。1990年代以降，最寄品の卸売段階では，上位集中化が進捗した。また，大規模卸売業は，メーカーの販売代理よりも，小売業の調達代理を強化する傾向となった。他方，メーカーが大規模小売業と直接取引し，店舗を回訪し始めると，特約店におけるメーカーの販売代理機能が縮小した[7]。さらに多くの小売業は，消費者の低価格志向に対応するため，価格指向性を強め，小売段階での実勢価格の低下傾向が顕著となった。これは小売業がローコスト・オペレーションにより，卸売業にも納入価格の引き下げを要請したためである[8]。この状況を招来したのは，卸売業がメーカーと小売業の中間に位置し，双方に影響されやすいためである。

（2）　大規模小売業の物流機能代行

　現在でも形式上，大規模小売業は卸売業に依存している。卸売業は，大規模小売業から，品揃え機能よりも，在庫・仕分け・配送などの物流機能を受託している。つまり，卸売業はメーカーの販売代理ではなく，大規模小売業の物流機能代行に変化した。これは大規模小売業の卸売業への依存と見えるが，卸売

業は品揃え機能を遂行せず，納入代行業者化しただけである。さらに大規模小売業は，物流センターを整備し，店舗での全取扱商品を在庫し，各店舗の注文に応じて短時間で，欠品のない配送システムを構築した。このセンターの設置と運営は，物流能力のある特定卸売業や，物流業者へ委託している[9]。したがって現状は，卸売業が以前のように多くのメーカーと取引し，情報収集・縮約し，品揃え形成をするのではなく，以前とは似て非なる機能を小売業から委託されているイメージである。

第4節　卸売業の経営基盤の明確化

1．情報縮約機能と物流機能の発揮

（1）　卸売業の固有機能の明確化

　卸売業の経営基盤を明確にするには，卸売業が長い歴史の中で担当してきた固有の機能をたどる必要がある。卸売業は，他の流通機関と同様，多様な機能を持つが，その固有性は流通チャネルの中間に位置することである。その位置は，川上・川下双方の相手と取引ができ，これを自社に集中させる程度が最も高い。つまり，卸売業の機能の固有性は，情報縮約機能と物流機能にある。情報縮約機能は，多くの仕入先や販売先から情報を収集し，これを解釈・分析し，自社の品揃えや取引先支援に活用する。物流機能は，仕入先から個々の商品を物理的に収集し，販売先が必要な品揃え集合とし，当該販売先に効率的に輸送する。これらが卸売業に固有な資源とすると，多数の仕入先と販売先から情報を集中する情報縮約機能を遂行するため，川上・川下への事業拡大が可能である。次に情報縮約機能を遂行するため，新たな専門知識が必要なければ，販売先の要求充足のために取扱商品を拡大でき，異業種参入が可能となる。さらに新たな専門知識が必要な場合も，その物流特性が既存商品とほぼ変わらなけれ

ば，物流機能を遂行する卸売業は，これを自社の物流網に載せ，物流での拡大が可能となる[10]。卸売業が情報縮約機能や物流機能を遂行する限り，その拡大は容易であるが，わが国の多くの卸売業はこれらを十分に遂行していない。

（2）　卸売業による小売業への対応

　最寄品領域では，スーパーやコンビニエンス・ストアなどの大規模小売業が主流となり，買回品領域でも品揃えを強化した専門店が成長し，中小規模小売業のシェアを浸食した。これら大規模小売業は，取扱商品を限定する業種に特化せず，消費者ニーズに合わせて，業種を超えた品揃えを行う小売業態である[11]。一方，卸売業の業態展開では，近年「業態卸」という言葉が使用されるようになった。これは特定の小売業態に対応する卸売業である[12]。つまり，小売段階では，それ以前とは異なる多様な品揃えの小売業態が展開されるようになったが，卸売業の品揃えや供給体制は，一部の大手卸売業を除き，旧態依然であり，小売業からの要求に当初から応えられない状況にある。

2.　能動的機関としての卸売業の位置づけ

（1）　卸売業における能動的行動の重要性

　流通チャネルの中間に位置する卸売業は，川上・川下の状態に規定される。しかし，これまでこうした視座が強調され過ぎた。これは卸売業が自立した意思決定主体とすると，偏向した視座といえる。流通は，流通過程に存在する無数の自立した人間と組織の意思決定の連続から形成され，そこに流通動態の源泉がある[13]。そのため，卸売業を受動的機関ではなく，能動的機関として把握する必要がある。ただ卸売業は，消費財流通では，流通チャネルの中で生産と小売間に介在する位置にある。そのため，取引相手との関係構築・維持が，卸売業の経営成果に影響する。有利な関係が構築できると，それは卸売業の経営基盤となる[14]。したがって，卸売業は川上・川下からの圧力で関係を構築されるのではなく，自らが積極的に川上・川下に働きかけることによって，関係を

構築しなければならない。

(2) 取引関係に対する視点

　卸売経営と戦略の研究では，分析または重視すべき点は明確である。まず，卸売業の環境－資源－組織－戦略－成果と，その全体的なパターンの分析である。次に企業の属性による経営実態や経営成果の差異である。企業属性では，企業規模，業種，流通チャネル上の位置，取引関係などに注目すべきである。取引関係には，それが制度化した取引慣行を分析する必要もある。さらに卸売業の全体的構造では，大半が中小企業であるため，中小企業としての卸売業経営とその基盤の分析視角が必要となる[15]。特に企業規模の相違により，取引慣行が異なることも注意しなければならない。

3. 卸売経営の基本要素

(1) 卸売業経営の基本活動

　卸売業の経営には，通常，6つの要素がある。卸売業の基本活動は，仕入，販売，物流であり，この3部門が経営の中核である。これを支える要素には，情報システム，組織管理，教育がある。さらに卸売業の経営には2つの特質がある。第1に，仕入，販売，物流など卸売業の中核活動が外部と関係する活動である[16]。たとえば，消費財卸売業の仕入は，メーカーの製品政策やチャネル政策で異なる。また物流は，取引先小売業のニーズで編成・整備されるため，情報システムや情報ネットワーク構築が要請される。したがって卸売業は，川上・川下の取引先の条件で，経営・業務体制が規定されるため，卸売業は取引相手のニーズを内部システム設計へ連動させる必要がある。第2に，卸売業内部の経営サブ・システムの大部分の要素が相互に関係する。メーカーでは，研究開発や調達部門，技術部門などは他部門とは独立しているが，卸売業では，仕入は販売と連携し，返品関連活動は仕入，販売，物流，管理など卸売業の全活動と関係する。つまり，卸売業では経営システムの全要素が一体化し，その

相互関係で決定される[17]。このように卸売業は，メーカーとは異なる要素があり，さらに取引関係にある外部との関係に従って，活動しなければならない。

(2)　能動的な変化対応

1990 年代以降，「価格破壊」や製造と販売が協調する「製販同盟」が進展した。本来，卸売業は，商品を仕入れ，販売する，その機能遂行が以前は重要であった。ただ，仕入・販売双方が変化し，取引関係が変化すると，これまでの取引関係だけでは処理しきれない問題が発生した。そして，各卸売業が新しい取引関係を目指し，仕入・販売が変化すると，ある種安定的構造で新たな取引関係が構築されるようになる。しかし，再び卸売業の環境が変化すると再び不安定状態となり，別の取引関係が構築される。新しい取引関係では，新しい取引相手，取引高，取引条件，取扱品目，取引先空間分布などが想定される[18]。これら新しい取引関係の中で，受動的にその対応を変化させられるのではなく，能動的に対応を変化させていくものでなければならない。

第 5 節　今後の成長の方向と可能性

1.　小売業支援と柔軟な物流対応

卸売業の生き残りは，固有機能の強化にかかっている。卸売業は，仕入先よりも販売先の小売業に対する役割が重要である。特に中小卸売業では，小売業の売場での，最適な商品構成・商品陳列・売場構成などのノウハウを提供し，小売業支援を中心に据えるべきである。また，多品種少量流通では，卸売業の物流機能が重要になる。ただ，多品種少量物流はコスト増につながる。卸売業には，小売業からの納品要請への対応が，水平的競争手段となってきた。卸売業が小売業からの要請で物流機能を提供してきたため，小売業の物流サービス要求を上昇させた。今後は中小規模卸売業は中小規模小売業と共同で新しい物

流システムを確立し，その要請に応える必要がある[19]。つまり，中小規模卸売業には，柔軟な物流対応が可能なことが生き残りの要件となる。

2. 卸売業における今後の展開方向

(1) 卸売業の多角化

　卸売業の多角化は，自社事業で蓄積した資源（既存資源）を多方面に活用可能な方向への展開，新たに資源（新規資源）を多方向で活用する方向への展開，がある。特に卸売業では前者における既存の卸売業態固有の資源を有効活用する必要がある。この方向には，2つの次元がある。1つは垂直的展開であり，川上に向けて事業を拡大するメーカー機能の取り込み，川下へ事業を拡大する小売機能の取り込みである。もう1つは水平的展開であり，顧客である小売業態が必要な全商品の取り扱い，特定ニーズに向けて取扱商品を絞り込む方法がある。水平的展開を横軸，垂直的展開を縦軸とすると，4つの方向が視野に入る[20]。

　① フルライン化・川下拡大（チェーン対応ロジスティクス卸）

　わが国の大規模小売業は，情報縮約機能の内製化を終え，物流の卸売業依存が増加した。また，多くの地域チェーンは，物流を卸売業に委ねざるを得ない。そこでは小売業が必要な品揃えの全物流を卸売業が代行するため，異業種との物流連携が必要である。

　② サービス・マーチャンダイザー

　卸売業が特定ニーズに絞り込んだ品揃え知識を活用し，百貨店や大規模小売業の特定売場の品揃えとその管理を担う。

　③ 専門化・川上拡大（生産機能の取り込み）

　特定カテゴリーの専門的知識を活用し，生産段階を統合する。この場合，市場適合する製品コンセプトを創造し，実現のために生産に介入する方向である。

　④ フルライン化・川上拡大（多様なPBの展開）

　強力な販路を生かし，メーカーに多様なPBを製造してもらい，マーケティ

ング展開する方向である。これを効果的に行うには，小売のチェーン化が必要
条件となる。

図表 5-1　卸売業における展開の基本方向

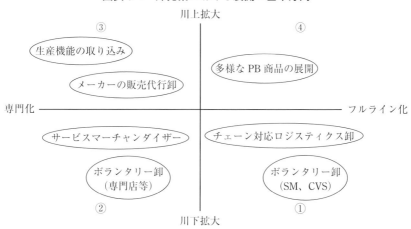

出所：通商産業省中小企業庁取引流通課［2000］39 頁に一部加筆。

（2）　卸売業の主体性回復

　現在の社会に存在する産業で，安定化しているものは数少ない。卸売業もそ
の例に漏れず，1990 年代以降，わが国の卸売業は大きく変化してきた。それは，
卸売業の外部環境要因と内部環境要因それぞれが関係している。外部環境要因
では，大規模化したメーカーと大規模小売業の行動が，卸売業を変化させてき
た。卸売業は，1970 年代末から 80 年代に新たな取引条件として求められた情
報システム化を進め，それにより取扱商品を把握し，それを基盤にマークアッ
プする姿勢を示した。それは一度コミッション・エージェント化した卸売業が，
再度マーチャント・ホールセラーに回帰しようとする動きで，卸売業の主体性
の回復を目指すものである[21]。したがって，卸売業固有の機能である情報縮約
と物流機能を，他のチャネル・メンバーよりも低廉で，迅速に行い続けること
が重要である。

＜注＞

1) 高宮城編著［1997］3 頁。
2) 西村［2009］100-101 頁。
3) 宮下［1991］72 頁。
4) 根本［2004］18 頁。
5) 原田［1997］214-215 頁。
6) 原田［1997］217-218 頁。
7) 根本［2004］289 頁。
8) 通商産業省中小企業庁取引流通課［2000］193 頁。
9) 渡辺［2008］178-180 頁。
10) 通商産業省中小企業庁取引流通課［2000］36-37 頁。
11) 通商産業省中小企業庁取引流通課［2000］37-38 頁。
12) 西村［2009］151 頁。
13) 矢作［1996］9 頁。
14) 高宮城編著［1997］6-7 頁。
15) 高宮城編著［1997］7-8 頁。
16) 宮下［1992］31 頁。
17) 高宮城編著［1997］34-35 頁。
18) 西村［2009］117-118 頁。
19) 宮下［1991］79-80 頁。
20) 通商産業省中小企業庁取引流通課［2000］35-36 頁，38-41 頁。
21) 根本［2004］63 頁。

＜参考文献＞

高宮城朝則編著［1997］『卸売企業の経営と戦略』同文舘出版。
通商産業省中小企業庁取引流通課［2000］『平成 11 年　卸売業の現状と課題』同友館。
西村順二［2009］『卸売流通動態論』千倉書房。
根本重之［2004］『新取引制度の構築－流通と営業の革新－』白桃書房。
原田英生［1997］「卸売業の機能と構造」田島義博・原田英生編著［1997］『ゼミナール流通入門』日本経済新聞社。
宮下正房［1991］「卸売業の課題と機能強化の方向」田島義博・流通経済研究所編『変革期の流通』日本経済新聞社。
宮下正房［1992］『現代の卸売業』日本経済新聞社。
矢作敏行［1996］『現代流通』有斐閣。
渡辺達朗［2008］「卸売業界の再編成と"機能強化"競争」渡辺達朗・原頼利・遠藤明子・田村晃二『流通論をつかむ』有斐閣。

（石川　和男）

77

第6章

流通における諸理論①

=== 本章のねらい ===
① 卸売業者の存在根拠とその意義について，諸理論を通じて理解する。
② 小売の輪の理論をはじめとする小売業の生成と発展に関する諸理論仮説について理解する。
③ 理論仮説間の関係およびそれらの理論仮説が開発された背景について理解する。
④ 小売業態の発展の理論の統合化への試みを理解する。
⑤ 本章において提示された理論仮説に基づいて現実の流通現象を眺めた時，それぞれの理論仮説が持つ現代的な意義を考える。

第1節 卸売業の存在根拠とその意義

　私たちは普段の生活の中で生産者（メーカー）が製造した製品を使用したり，消費したりすることで生産者との接点を有している。そしてその製品を購買する際には，コンビニエンス・ストアや通信販売などを利用して買い物をすることで小売業者と接している。一方で，卸売業者と私たち消費者との接点は極めて少なく，私たちの日常の中ではなじみが少ない。卸売業は，生産者と小売業の間に位置し，生産から消費に至る流通の過程においてどのような役割を担っているのであろうか。ここでは卸売業の存在根拠について，なぜ，卸売業が存在するのかという点から主要な学説を取り上げながら，その理論的な根拠と意

義について説明する。

1. 取引総数最小化の原理

Alderson［1954］によれば[1]，交換の重要性が増すにつれて，ニーズを満た
そうとする全ての人が相互に関係を維持しにくくなってくるという。例えば，
ある地域に居住している5人が，かご，壷，帽子，鍬およびナイフを作成して
専門化しているとする。5人のそれぞれが交換を行って必要なものを手に入れ
ようとすると，総数10本の取引が必要になる。当然のことながら，これらの
取引には煩雑さや費用が発生する。また，交換しようとする人が増えれば増え
るほどにこれらは増大する。こうしたことを解消するために，このプロセスに
中間業者を介在させてみると，先の例では5人すべてが中間業者を通じて必要
なものを手に入れることができるため，取引の総数は5本となり，煩雑さや費
用の削減が可能になる。

　上記のAldersonの考え方は，Hall［1948］が主張した取引総数最小化の原理
に類似している。すなわち，生産者が小売業者と直接取引を行う場合には，取
引の規模は少量で多数の発送業務を行わなければならない。その際には発注，
選別，商品の照合，送り状の作成，荷造りおよび代金回収等のオペレーション
が各々の取引で必要になるだろう。このとき，仮に生産者と小売業者との間に
卸売業者を介在させるのであれば，卸売業者は総取引数を最小化して，取引の
規模が大きくなる。その結果，さまざまなオペレーションに関しても集約化す
ることができる。これらのことを説明するのが取引総数最小化の原理である。

　図表6-1は生産者と小売業者が各5人にいる場合に，それぞれが直接取引を
行う場合には取引総数が25本であるが，卸売業者が介在することによって取
引総数が10本となることを表している。このように卸売業者の介在に伴う費
用よりも，介在の結果として取引総数の減少による費用の節約が大きいのであ
れば，卸売業者が，流通費用の削減に貢献していると考えられる。ここに，卸
売業が存在する必然性をみることができる。さらに，この原理に加えてHall
は不確実性プールの原理も提唱する。

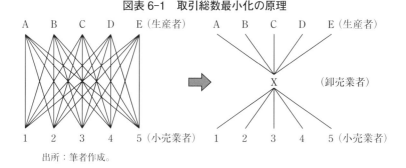

図表 6-1 取引総数最小化の原理

出所：筆者作成。

2. 不確実性プールの原理

不確実性プールの原理とは，卸売業者が介在することによって市場の総在庫数が減少するという原理である。突然生じる需要に対応するための商品を確保するために，貯蔵しておかなければならない在庫の総保管量について，各小売業者が個別に商品の在庫を持つよりも卸売業者が介在して在庫を集中して保有することによって，各小売業者のみで持つ在庫の総量よりも，少なくさせることができることを説明している。つまり，卸売業者が存在することで商品在庫への資金投資が社会全体として減少できるということである。これは統計学でいうところの大数の法則が働くことによるものである。

3. 情報縮約・整合の原理

田村［2001］によれば[2]，卸売業者を含む商業者は多くの生産者の製品を取り扱っている。卸売業者が複数の生産者の商品を店舗に陳列したり，カタログに掲載したりするのであれば，そのことは情報を 1 ヶ所に集約し，情報の比較を可能にさせていることを意味する。商業者は，顧客の商品に対する欲求という情報を基に商品を仕入れ，再販売できるという確信をもとに品揃えを形成し，生産部門と消費部門の質的，量的な情報を整合することで，2 つの部門の取引を効率化させているのである。

4. 分化と統合

　市場の範囲が拡大するにつれて，生産部門と消費部門との間には商業部門が形成されていく[3]。消費者は小規模であり，空間的に分散しており，消費者の個別的な需要に対応するために，小売業者は規模の拡大を制限される。他方で生産部門は集中することで規模の経済性を発揮させる傾向にあるため，卸売部門が小売部門と生産部門の間に介在することで，生産部門の特性に対応し，規模の経済性の獲得と取引費用を減少させようとする。つまり商業が卸売部門と小売部門に分化することになる。さらに，規格化が困難な農水産物に見られるように，供給と需要を上手くマッチさせるために卸売内部で収集，中継，分散の段階に分化することもある。

　一方では，交通・通信の社会インフラの進展や大規模生産者の台頭による大量生産体制の確立，大規模小売業者の台頭等といった環境諸条件の変化によって分化が統合に取って代わることもありうる。

　ここまでみてきたように，卸売業は，その存在にのみ焦点を当ててしまえば，流通コストを増大させているかのように思えるかもしれないが，生産者から私たち消費者に至る流通経路を俯瞰してみれば，全体としてコストの削減や効率化を実現する重要な役割を果たしていることが理解できよう。日常生活において私たち消費者との接点は少ないかもしれないが流通全般を学習する際にはその存在および意義が非常に大きいのである。

第２節　小売の諸理論

　本節以降では，小売分野の諸理論について，小売の輪の理論をはじめとする小売業態の生成・発展に関して記述し，説明し，予測を試みようとする代表的な理論仮説について説明する。

　小売業の業態の生成や発展を導く要因には，主として小売業の革新を遂行す

る企業家と環境がある[4]。すなわち，新しい小売事業のコンセプトをもち，小売業の革新を進展させる経営技術を導入するなど，新たな小売業態を開発し，競争優位を追求する企業家の主体的な戦略展開によって小売業態の生成や発展が導かれる。他方の要因としては，競争相手の対抗行動や消費者のライフスタイルの変化，あるいは法律的側面，交通状況などの環境の変化への対応が指摘されている。

　これらの諸要因が時間軸を通じて継続的に相互作用することで，小売業態の生成や発展が導かれるのである。そのため代表的な理論仮説である「小売の輪の理論」，「小売アコーディオン理論」，「弁証法的アプローチ」および「適応行動理論」を取り上げる。そしてこれらの諸理論仮説を統合しようと試みた「多極化原理」と，「ビッグ・ミドル仮説」について検討していく。

第3節　小売業態の生成と発展に関する諸理論仮説

1.　小売の輪の理論

　小売業態の発展に関する理論としては，McNair［1958］による「小売の輪の理論」が代表的である。McNair は，アメリカ合衆国の経営環境の変化，すなわち自家用自動車の普及，人口の郊外移動，小売分野への技術導入などを指摘して，小売の輪の理論を提唱した。小売の輪の理論は以下の①から③までの循環プロセスで成り立っている。

①　低コストの新たな小売業態が低価格訴求によって新規参入し，顧客から支持を得て，異形態間競争に打ち勝っていく。

②　この新たな小売業態の普及により，同形態間競争の中で，商品の品質，設備そして顧客サービスの水準などを上昇させ，差別化を図っていく。

③　高コスト体質となった当該業態は，低価格訴求で現れた別の新業態に対して価格競争力をもっていないために，異形態間競争で劣位に陥る。

　小売の輪は大胆で新しい事業コンセプトを抱いた企業家によって革新が遂行されることで回り出す。革新によって営業費の低減を可能にした企業家は，それを基盤にした低価格訴求で市場へ参入する。参入時，銀行家や投資家から警戒されるが，低価格訴求によって大衆を魅了していく。やがて商品の品質や店舗の外観等を改善することで格上げを行う。成長段階に入ると，古い事業モデルに固執する既存の小売業態から売上を奪っていく。さらに格上げは進み，資本投資や営業費は増大する。成熟段階に入ると精巧な店舗設備や販売促進に力を入れて，同業態の競合業者と非価格競争を展開する。この時期では当初革新的であった小売業者の保守化が進行し，また投下資本利益率が低下する。このとき高コスト体質となった小売業態は競争力を低下させる。そして，新たな別の企業家による革新的な業態が低コストを基盤として低価格訴求によって市場参入することで，新たな輪が回り始める。

　小売の輪の理論は，小売業態論研究のスタートとして位置づけられる著名な理論仮説である。しかしながら，Hollander［1960］は小売の輪のパターンに該当しない例を以下のように示している[5]。

① 　開発途上国でのスーパーマーケットは高所得者層を標的にしている。

② 　自動販売機は高コスト，高マージン，高度の便宜性からスタートしている。

③ 　郊外の高級な百貨店の店舗展開や計画的ショッピング・センターが興隆している。

　これらは，「小売の輪の理論」の普遍性に対する反証であり，新しい小売業態が必ずしも低価格訴求による市場参入に限定されないことに言及している。

2.　小売アコーディオン理論

　小売アコーディオン理論は，Hollander［1966］によって名付けられた理論仮説であり，小売の輪の理論と同様に小売業態の発展を説明する理論仮説である。取扱商品ラインの広さと狭さという振幅から小売業を捉え，それらが周期性を

持った交替パターンとして出現することで小売業態が進展していくという考え方である。すなわち，幅広い商品ラインを持つよろず屋は，専門的な商品ラインを持つ専門店にとって変わり，また幅広い商品ラインを持つ百貨店が登場し，専門的なブティックが現れる。こうして幅広い商品ラインの小売業者と専門的な小売業者が補完し合うことで，消費者に買い物の便宜性を提供する計画型ショッピング・センターが登場すると説くのである[6]。

　このような時代の変遷によって商品ラインが狭まったり，広まったりする過程がアコーディオンの蛇腹のようであることから名付けられたこの理論仮説は品揃えに関する妥当な統計的データが存在しないため，パターンの普遍性，その存在は確認されていないが，小売業の一般的な趨勢を把握するためには有用な理論仮説であるといえよう。

3.　弁証法的アプローチ

　Gist［1968］は，既存の小売業態が革新的小売業態との競争を通じて対抗する競争行動を「小売の輪の理論」が説明していない点を指摘して，弁証法的プロセスをもって，小売業態の革新を説明している[7]。そこでは既存の小売業態を「正（Thesis）」，革新的業態を「反（Antithesis）」とし，これらが競争を通じて混合されて，新しい小売業態である「合（Synthesis）」が生み出されるとする。さらに，新たに「合」として生成した革新的小売業態が「正」となり，新たな革新的業態の「反」と競争して「合」を生み出すという連続的プロセスをたどる。

　例えば，都市部の中心商業地区で成熟した百貨店が「正」であるのに対して，中心商業地区の外側で低価格を武器に参入したディスカウント・ストアは「反」である。そして，百貨店とディスカウント・ストアの中間的な性質を持つ，ディスカウント・デパートメント・ストアが「合」として出現する。すなわち，小売業態の革新は，新旧両方の小売業態間による対立の産物であるとするのである[8]。

図表 6-2　弁証法的アプローチ

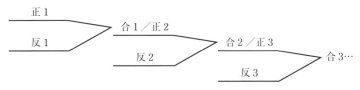

出所：Gist［1968］p.107.

4.　適応行動理論

　Dreesmann［1968］は，小売業態と生物の種の間の類似性を指摘し，ダーウィンの進化論のアナロジーを用いて小売業者の変化，発展を説明している。Dreesmann は生物における「突然変異」を革新として捉え，小売業者は，社会の特定構造，経済成長の段階，消費者の生活水準に適応しなければならないことを主張している。とりわけ突然変異として現れた新しい小売業態に対しては，既存の小売業者は革新を模倣することで適応する。すなわち小売業態を取り巻く技術，法律，競争などの環境の変化に適応するものが生き残るのである。

　また Dreesmann は，「収斂」，「異常発達」，「退化」および「同化」といった生物学的アナロジーを用いて小売業態の変化を説明している。まず「収斂」とは，ドラッグ・ストア，スーパーレット（小規模な生業のスーパーマーケット）やバラエティ・ストアなどの多様な小売業態がセルフ・サービス方式など，同一の小売技術を採用することを意味する。次に「異常発達」とは，競争が一時的に緩やかな状態になることで起こる病的な成長を意味する。「退化」とは，後戻りの進化を意味し，スーパーマーケットの規模的発展によって，小規模のスーパーレットが手薄になった小規模な市場を対象にして生存する。そして「同化」とは，新小売業態の成長によって，既存の小売業態がその新方式を模倣するというものである。

　Dreesmann によるこれらの主張は，環境の変化を重視し，変化への適応の重要性を説くものであり，小売業態の変化の多様性を示したものといえる。

第 4 節　諸理論仮説の統合への努力

　ここまで検討を進めた小売の輪の理論をはじめとする理論仮説は，小売変化の循環的な考え方や競争への対抗行動，環境変化への対応といった，ある視点から小売業態の生成・発展を説明しようと試みるものである。近年，これらの考え方を統合しようと試みる考え方も提唱されている。ここでは代表的な理論仮説である「多極化原理」と「ビッグ・ミドル仮説」を取り上げて検討する。

1．多極化原理

　Brown［1987］は循環説を中心にして，主要な研究成果の諸概念を統合を図りながら，多極化原理を提唱している。Brown は販売政策（低価格志向⇔サービス志向），品揃え（広い⇔狭い），そして規模（大規模⇔小規模）の 3 次元に着目し，各々の次元の軸で二極分化が生じるとする。例えば，サービス志向の販売政策で，幅広い在庫（品揃え）を有し，かつ店舗規模が大規模となる位置には百貨店がある。他方で同様の品揃えで大規模であるハイパーマーケットは低価格志向であり販売政策の軸では対極に位置づけられる。

　これらの軸で釣り合いをとろうとする小売業者の行動がきっかけとなり新たな業態が出現する。例えば，ある業態による品揃えを多様化する動向に対応して，他方で別の業態で品揃えが専門化する傾向が進む。また高水準のサービス提供が進むことで，無駄のない低価格志向の小売の営業活動が進展する。このように業態間の構図は静態的なものではなく小売業態はダイナミックに変化するのである。

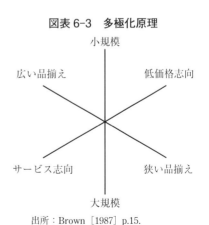

図表 6-3　多極化原理

出所：Brown［1987］p.15.

　しかしながら，多極化原理では，軸を移動する変化を生じさせるメカニズムについて十分に説明されているとはいえず，また軸の尺度の測定については主観的であり，定性的な概念にとどまっている傾向がある。

2.　ビッグ・ミドル仮説

　Levy, et al.［2005］によれば，ビッグ・ミドル仮説は小売業の栄枯盛衰を示すものであり，小売業の構造を「ビッグ・ミドル（Big-Middle）」，「低価格（Low-Price）」，「革新（Innovative）」および「不振（in-Trouble）」の4セグメントに分けている[9]。この仮説において，まず小売業者は，高品質な商品を高価格で販売し，革新的なセグメントで展開する「革新的小売業者」，もしくは低コストのオペレーションを基盤に低価格セグメントで展開する「低価格小売業者」から事業をスタートする。そこで成功した小売業者は規模の経済性や売上高の増大を求め，自らの強みを梃子にして価格の軸やオファリングの軸をシフトさせ，ニッチなセグメントから「ビッグ・ミドル」へ移行する。「ビッグ・ミドル」とは，消費者支出の多さをめぐって大規模小売業者が長期にわたって競争する市場領域である。そして「ビッグ・ミドル」で失敗した小売業者は「不振」のセグメントに移行するとされる。

　この「ビッグ・ミドル」では，小売業者が品揃えやサービスを拡大し，適度な価格で提供されるという特徴を持つ（図表6-4）。

　一方で，収益性の高い「ビッグ・ミドル」に位置していても競争は激しく，競争優位を追求するために組織構造の改革や投資が行われ，収益を圧迫することになる。そして当該小売業者の支配的な論理によって，経営者が関連すると知覚する情報のみに焦点を当ててしまえば，小売業経営において効果的な戦略を学習できず近視眼的な経営となり，魅力的な価値提案ができなくなる。その結果，「不振」のセグメントに陥ってしまう小売業者もいるとされる[10]。

図表 6-4　ビッグ・ミドル仮説

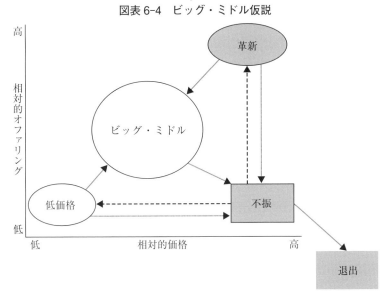

出所：Levy, et al.［2005］p.85.

第 5 節　ま と め

　本章では卸売分野では卸売業の存在根拠を示す考え方について，そして小売分野においては，小売業態の生成・発展に関する仮説モデルについて検討してきた。本章で言及した理論仮説は必ずしも十分な説明力を有する状況に至っていないという点に留意しなければならないが，各々の理論仮説が提案されるまでのアプローチの方法はさまざまであり，これらの視点から流通を考察することには意義があるだろう。

　こうした点で，現実の流通現象を捉える際に，本章で学んだ考え方を基点にしてどのような点が妥当であり，そしてそうでないとすれば，なぜそのような部分が生じるのかということについて考えてもらいたい。課題を発見し修正するという不断の行為こそが社会科学の発展につながるのである。

88

＜注＞

1) Alderson［1954］pp.7-8.
2) 田村［2001］80-84 頁。
3) 田村［2001］115 頁。
4) 田村［2001］80-84 頁。
5) Hollander［1960］pp.40-41.
6) 菊池［2013a］64 頁。
7) Gist［1968］pp.106-109.
8) 菊池［2013a］64-65 頁。
9) Levy, et al.［2005］pp.85-87.
10) 菊池［2011］186-188 頁。

＜参考文献＞

小川　進［1993］「小売商業形態変化研究の現状と課題」『神戸大学　研究年報（経営学・会計学・商学』39，219-244 頁。

菊池一夫［2011］「流通・商業革新」岩永忠康監修，西島博樹・片山富広・岩永忠康編著『現代流通の基礎』五絃舎，185-201 頁。

菊池一夫［2013a］「小売業態論」柳純編著『激変する現代の小売流通』五絃舎，61-71 頁。

菊池一夫［2013b］「卸売商業」岩永忠康監修，西島博樹・片山富広・岩永忠康編著『現代流通の基礎理論』五絃舎，43-59 頁。

田村正紀［2001］『流通原理』千倉書房。

Alderson, Wroe［1954］"Factors governing the development of marketing channels." *Marketing channels for manufactured products*, pp.5-34.

Brown, Stephen［1987］"Institutional change in retailing : a review and synthesis," *European Journal of Marketing* 21（6），pp.5-36.

Dreesmann, A. C. R.［1968］"Patterns of evolution in retailing," *Journal of Retailing* 44（1），pp.64-81.

Gist, Ronald R.［1968］*Retailing : Concepts and decisions*, New York : Wiley.

Hall, Margaret［1948］*Distributive Trading : An Economic Analysis*, Hutchinson's University Library.（片岡一郎訳［1957］『商業の経済理論—商業の経済学的分析—』東洋経済新報社。）

Hollander, Stanley C.［1960］"The wheel of retailing," *Journal of Marketing*, 25（1），pp.37-42.

Hollander, Stanley C.［1966］"Notes on the Retail Accordion," *Journal of Retailing*, 42（2），pp.29-40.

Levy M., D. Grewal, R. A. Peterson and B. Connolly［2005］"The concept of the "Big Middle," *Journal of Retailing*, 81（2），pp.83-88.

McNair, Malcolm P.［1958］"Significant trends and developments in the postwar period," *Competitive distribution in a free, high-level economy and its implications for the university*, A.B.Smith（Ed.）, University of Pittsburgh, pp.1-25.

（菊池一夫・金澤敦史）

第7章

流通における諸理論②

本章のねらい

① 代表的な流通の理論を正確に理解する。

② 本章で紹介した各々の理論が依拠するアプローチの違いを理解する。

③ 流通チャネルの分析単位がダイアド関係からネットワークへと変化している様子を把握する。

④ 時代と共に，理論の焦点がチャネル内から外部環境への対応へと変化していった様子を把握する。

⑤ メンバー間の対立から協調へと発想転換することの重要性を理解する。

第1節　はじめに

　本章では，流通における諸理論として，①延期−投機の原理，②チャネル・パワーとチャネル・コンフリクト論，③垂直的マーケティング・システム，④サプライチェーン・マネジメントを取り上げて解説する。また，各々の理論の内容だけでなく，それらの理論のアプローチや理論が構築された背景についても概説する。そのようなアプローチや背景を理解することによって，ここで紹介される諸理論に対する理解が促進されるだろう。

第2節　延期－投機の原理

1.　流通への新古典派経済学アプローチの適用

　マーケティング・ミックス（4Ps）を中心に据えた伝統的なマーケティング・マネジメントは，新古典派経済学の効用概念を基礎に体系化されていた[1]。消費者の時間効用と場所効用を最大化する流通構造を明らかにしようとしたのが延期－投機の原理である。バックリン（Bucklin [1965]）は，リスクと不確実性の下で消費者も含めた流通チャネル全体のトータル・コストを最小化することを効用最大化と見なし，そのためには製品の形態変更と在庫保有をできる限り流通チャネルの川下に延期するか，できる限り川上に投機するか，の2つの方法があると考えた（図表7-1）。前者はオルダースン（Alderson [1957]）が提案した延期の原理で，それは製品形態の変更や在庫位置を消費者の購買地点に近づける（延期させる）ほど製品の差別化が可能になるという発想である。後者はナイト（Knight [1921]）が提案した投機の概念を基礎とし，バックリンは将来が不確実な状況下では，製品の生産に専門化した企業が製品の形態変更と在庫保有を行い，あらかじめ完成品を在庫しておくことで利得と損失を中和させながら，大量受注によるコスト低減が実現できると主張した。

2.　延期－投機の原理に基づくチャネル形態の選択

　図表7-1において，曲線DD'は消費者に商品を1単位配送するのにかかる平均配送コスト（出荷や貯蔵および売買に伴うコスト，利子や不確実性にかかるコスト）を表わす。横軸のI点を境に，左側は間接チャネル，右側は直接チャネルの平均配送コストを示している。間接チャネルの場合，消費者の居住地に近い小売店から商品が配送されるので，配送日数は短縮されるが，多段階な流通段階のために平均配送コストは高くなる。他方，直接チャネルの場合，製造

図表 7-1　配送日数に基づく平均配送コスト，平均在庫コスト，
　　　　　およびトータル・コスト

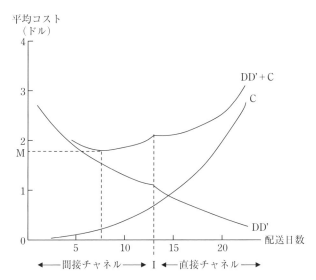

出所：Bucklin［1965］p.29.

　業者と消費者の居住地が離れているため多くの配送日数がかかるが，平均配送
コストは低くなる。曲線 DD’ は，価格変動が激しいほど，あるいは商品が陳
腐化しやすいほど傾きが急になる。
　曲線 C は，顧客や小売店が自宅や店舗に商品を保持することに伴う流通チャ
ネル全体の在庫保有コストを表わす。配送日数が長いほど顧客は多くの安全在
庫を保持しなければならないため，平均在庫コストは増加する。この曲線 C は，
在庫保有に関わる不確実性が増大するほど傾きが急になる。
　曲線 DD’＋C は，平均配送コスト（DD’）と平均在庫コスト（C）を合計し
た流通チャネル全体のトータル・コストを表わす。図表 7-1 の例では，M 点で
トータル・コストが最小となるので，この場合には間接チャネルが選択される。

第3節　チャネル・パワーとチャネル・コンフリクト論

1.　流通への社会システムズ・アプローチの適用

　1950年代から1960年代にかけて，流通チャネルの研究者は伝統的アプローチ（機能，制度，商品）の限界や，経済学的アプローチの不完全さを指摘し，社会システムズ・アプローチを提案した。例えば，マキャモン゠リトル（McCammon and Little [1965]）は「従来のマーケティング・チャネルの定義には，売買の過程に直接的に関与する企業あるいは個人だけしか含まれておらず，助成機関やそれらの機関が果たす役割が除外されている」（p.326）と批判し，流通チャネルをシステムとして捉えるよう提案した。また，スターン゠ブラウン（Stern and Brown [1969]）は「経済学の前提で規定された範囲内で流通チャネルを考察しても，チャネル行動の多くを説明することはできない」と主張した。社会学では，二者以上の行為者間における社会文化レベルでの統合プロセスによって形成されたシステムとして社会システムを捉えている。この発想を流通チャネルに適用した社会システムズ・アプローチは，2つ以上の組織から構成されるものとして流通チャネルを分析する。

2.　チャネル・パワーの源泉とチャネル・コンフリクト

　流通チャネルを社会システムと見なす社会学的アプローチの特徴は，チャネル・パワーとチャネル・コンフリクトへの注目だろう。初期のチャネル・パワー研究は，チャネル・パワー源泉を識別することだった。バイアー゠スターン（Beier and Stern [1969]）は，フレンチ゠レイヴン（French and Raven [1959]）が提案した社会的パワーを参考に，チャネル・パワーの源泉を識別した（図表7-2）。チャネル・パワーを保持するチャネル・リーダー（あるいは，チャネル・キャプテン）によるパワー行使には，肯定的な側面と否定的な側面がある（Kasulis and

図表 7-2　チャネル・パワーの源泉

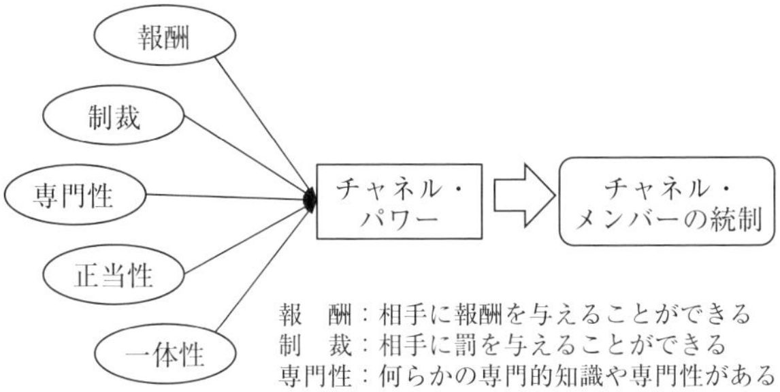

報　酬：相手に報酬を与えることができる
制　裁：相手に罰を与えることができる
専門性：何らかの専門的知識や専門性がある
正当性：相手に対して正当な権利を有している
一体性：相手から一体感を抱かれている

出所：Beier and Stern［1969］を基に筆者作成。

Spekman［1980］p.181）。流通チャネル全体をシステムと捉えてパワーを行使する場合は，チャネル・システム全体の団結を強化し，競争地位の向上に帰結するが，個別企業の立場からパワーを行使する場合には，特定のメンバーの利益にしかならず，必ずしもチャネル・システム全体の効率性や効果性に寄与するとは限らない。そのような状況では，流通チャネル内のメンバー間にコンフリクト（対立）が生じかねない。

　社会システムという観点からは，流通チャネル内の各々のメンバー間に相互依存関係があることを暗示している。相手が期待通りに振る舞わなかったり，自己利益のためにのみ振る舞ったりするときには，その当事者間にコンフリクトが生じる。その要因としては，①メンバー間での目標の不一致，②メンバー間での役割およびドメイン定義[2]の不一致，③メンバー間での現状認識の相違がある（Stern and Heskett［1969］pp.293-294）。コンフリクトは流通チャネル全体の効率性と効果性を低下させてしまうため，①上位目標の設定，②ドメイン・コンセンサスの形成，③不確実性の低減といった対策が必要となる（Stern and Heskett［1969］pp.294-297，図表 7-3 参照）。

図表7-3　チャネル・コンフリクトが生じる要因と解決策

要　　　因	内　　　容	解　決　策
チャネル・メンバー間での目標の不一致	各メンバーはチャネル全体の目標よりも自社の目標の達成を優先してしまう。各メンバーの目標は各々異なるため，メンバー間に対立が生じる。	上位目標を設定する。各メンバー独自の目標より重要なチャネル全体の目標を設定し共有する。メンバー単独では達成できない全体目標を設定することで，各メンバーは対立を解消しようと努力する。
チャネル・メンバー間での役割およびドメイン定義の不一致	各メンバーにはチャネル・システムを遂行するための役割が割り当てられるが，各メンバーの役割が曖昧だったり，期待した通りに役割を果たさない場合には，メンバー間に対立が起こる。	ドメイン・コンセンサスを形成する。各メンバーにはチャネル全体の目標の達成のための役割が割り当てられるが，その際に，各チャネル・メンバーが追求すべき成果の中に各メンバーの目標とチャネル全体の目標を統合させる。
チャネル・メンバー間での現状認識の相違	個々のメンバーの目標とチャネル全体の目標に整合性があり，かつドメインが明確に定義されていたとしても，メンバー間で現状認識が異なる場合には対立が起こる。	不確実性を低減させる。流通チャネル内の中心的組織やチャネル・パワーを有する組織が一括して外部情報を収集し，各メンバーが知覚する不確実性を低減させる。

出所：Stern and Heskett［1969］pp.294-297 を基に筆者作成。

第4節　垂直的マーケティング・システム

1．流通への新制度派経済学アプローチの適用

　1950 年代以降，垂直的マーケティング・システム（以下，VMS）というチャネル形態が登場した。それまでの機会主義的な行動やその場限りの一時的な関係によって特徴づけられる伝統的マーケティング・チャネルと異なり，VMS ではプログラム化された永続的な関係によってチャネル全体さらにはチャネル・メンバーの売上高の増大と投資利益率（ROI）の向上が追求された。この

VMS という発想は，流通チャネル構造を組織の境界線という観点から考察する新制度派経済学アプローチと見なすことができる。

　伝統的マーケティング・チャネルは断片化されたネットワークで，相対的に自律的な製造業者，卸売業者，小売業者が相互に緩いつながりで配列され，かつ慣例的にそれらの企業が互いに攻撃的に交渉し，各々が取引に基づいて商取引関係を構築し，懲罰によって独断的にビジネス関係を断絶したり，さもなければ自社単独で行動してしまうような性質を有していた（Davidson [1970]）。

　他方で，VMS は垂直的に配列され，かつ水平的に調整された組織のネットワークからなる。VMS では，システム内で最も有利となる流通段階あるいはポジションで各々のマーケティング機能が遂行されるように各々の流通段階に

図表 7-4　伝統的マーケティング・チャネルと垂直的マーケティング・システムの対比

特　　徴	伝統的マーケティング・チャネル	垂直的マーケティング・システム
ネットワークのメンバー	独立かつ自律的な組織からなる。商談や交渉によって調整がなされる。	相互連結された組織からなる。詳細な計画や包括的なプログラムを通じて調整される。
メンバーの経済的能力	組織的な経済性を達成する能力に欠ける。	組織的な経済性を達成するためにプログラムされる。
チャネルの安定性	チャネルへのメンバーのロイヤルティが低く，オープン・ネットワークなため，不安定になりがち。	オープン・ネットワークだが，資格要件や市場状況によってシステムへの参入が厳格に管理される。
意思決定者の人数と構成	多数の戦略立案者が，少し多くの執行役員から支援を受ける。	限られた人数の戦略立案者が，かなり多数のスタッフや執行役員から支援を受ける。
戦略的意思決定者の分析の焦点	マーケティング・プロセスのある一段階でのコスト，ボリューム，投資の関連性以外には関心を示さない。	マーケティング・プロセスのすべての段階のコスト，ボリューム，投資の関連性に注意を払う。トータル・コストを重視して，絶えず有利な交換条件を探求する。
基本となる意思決定プロセス	ゼネラリストが行った判断にかなりの信頼を置く。	スペシャリストやスペシャリストからなる委員会が行った科学的な決定にかなりの信頼を置く。
意思決定者の制度的ロイヤルティ	意思決定者は，伝統的な流通形態に感情的にコミットする。	意思決定者は，マーケティング・コンセプトや存続可能な組織に分析的にコミットする。

　出所：McCammon [1970] p.44 を基に筆者作成。

ある各組織が最適な規模で運営される。また，VMS は合理化された資本集約
的なネットワークであり，それは生産段階から最終使用段階に至るマーケティ
ング・フローを統合，調整，同調することによって技術上，管理上，販売促進
上の経済性を達成するためにデザインされたものである（McCammon［1970］)。
双方の特徴については，前頁の図表7-4 で対比されている。

2. 垂直的マーケティング・システムのタイプ

VMS は，企業間の結び付きの態様によって，企業システム，契約システム，
管理システムの3つのタイプに類型される(Davidson［1970］; McCammon［1970］)。

(1) 企業システム

企業システムとは，単一企業の所有権の下に生産から流通へと至るすべての
流通段階を統合した形態である。このタイプは，製造業者が川下の流通業者を
設立および統合して小売店チェーンを展開したり，逆に，流通業者が製造部門
を設立および統合して独自ブランドを自社のチェーン店で販売したりすること
によって実現される。前者は，前方垂直統合と呼ばれ，後者は後方垂直統合と
呼ばれる。さらにこの他にも卸売業者が製造と小売に進出する混合垂直統合と
いう形態もある。システム内の中核企業は，他のメンバーのマーケティング活
動を完全に統制でき，自社の製品を消費者まで効率的に流通させることが可能
となり，チャネル運用面での経済性と市場インパクトの発揮が可能となる。企
業システムでは，各メンバーがシステム全体の目標の達成を志向する傾向にあ
り，そのためマーケティング活動に対するコミットメントも高い。

(2) 契約システム

契約システムは，川上のすぐ直前の段階にいる供給業者と川下にいる小売業
者とが契約によって統合されるが，小売業者には自主性が残されている。この
システムは，ボランタリー・チェーン，コーペラティブ・チェーン，フランチャ
イズ・チェーン（以下，FC）に細分化される。ボランタリー・チェーンは卸売

業者がチェーン本部を主宰し，取引先小売業者と契約を結び，共同での商品開発，仕入，物流，販売促進などを行う。コーペラティブ・チェーンとは小売業者がチェーン本部を主宰し，共同での仕入，物流，販売促進などを行う。これらはいずれも，共同活動を行うことによって規模の経済性を発揮し，コストの低減や効率化を目指すものである。FCとは，本部と加盟店が契約し，加盟店は本部が開発した統一された商号や運営システムなどを利用し，本部はそれらの加盟店からロイヤルティを徴収する仕組みである。例えば，コンビニエンス・ストア業態が該当する。これらの形態は，個々の企業単独では得られない組織化による経済性と市場インパクトを発揮することをねらいとしている。

(3)　管理システム

　管理システムは，各メンバーの相互協力の下に，1社あるいは限られた数の企業がチャネル・プログラムを開発し，そのプログラムによって流通チャネル全体のマーケティング活動を調整する形態である。一般に，このシステムは，店舗運営全体に対してではなく，ある特定の製品ラインや製品分類だけに適用され，それらの製品を流通させるに当たって，供給業者がチャネル全体に関わる包括的なプログラムを開発し，そのプログラムが小売業者の協力によって実行される。各メンバーは，各々異なるマーケティング目標を有しているが，システム内には全体目標達成のための非公式な協働メカニズムが存在する。メンバー間に公式な結び付きはなく，メンバー同士の効果的なインタラクションを通じて意思決定が行われる。

第5節　サプライチェーン・マネジメント

1.　サプライチェーン・マネジメントの範囲

　サプライチェーンとは，供給業者から原材料や部品を調達し，それらを基に

完成品を製造し，それを消費者へと供給する一気通貫的な活動の連鎖（ビジネス・プロセス）のことで，サプライチェーン・マネジメント（以下，SCM）とは，それらを計画，調整，統制する管理手法のことである。そのねらいは，多様なニーズを持つ消費者に対し，より豊富な品揃えの提供と流通チャネル全体の在庫削減を両立し，顧客満足度向上とキャッシュ・フロー（以下，CF）増大を同時に達成することにある。SCMという用語は経営コンサルタントのオリバー゠ウェバー（Oliver and Webber［1982］）が最初に紹介したというのが研究者たちの間で一致した意見だが（例えば，Cooper, et al.［1997］），物流やマーケティング・チャネルあるいは情報技術（IT）などのさまざまな分野からアプローチされているため，その対象範囲や定義は多様である。米国SCM専門家協議会（CSCMP）は，「SCMとは，資源の確保および原材料の獲得に関するすべての活動，生産および加工活動，すべてのロジスティクス管理活動に関わるすべての活動の計画策定およびその管理を含むものである[3]」と定義しており，また，SCMには，供給業者，中間媒介業者，サードパーティ・サービス・プロバイダ，顧客といったチャネル・パートナーとの調整や協働が含まれるとも示している。

　SCMには流通チャネル全体を通しての原材料，仕掛品，製品といった物資の移動と，在庫情報や市場情報などの交換が含まれるためにロジスティクスと同義語と見なされがちだが，CSCMPでは「ロジスティクス管理とはSCMの一部であり，一般にそれには荷受および出荷輸送管理，車両管理，保管，荷役，受注処理，ロジスティックス・ネットワーク設計，在庫管理，需給計画の策定，サードパーティ・サービス・プロバイダの管理が含まれる[4]」とされており，両者の範囲は明確に異なる。SCMは単なる原材料や仕掛品，完成品の物流のみを扱うものでもなく，輸送や物流の他に，供給業者管理，購買，原材料管理，生産管理，設備計画，顧客サービス，情報交換も含まれる（Stevens［1989］）。つまり，SCMはロジスティクスよりも広い範囲を対象としている（図表7-5参照）。

図表 7-5　SCM の範囲

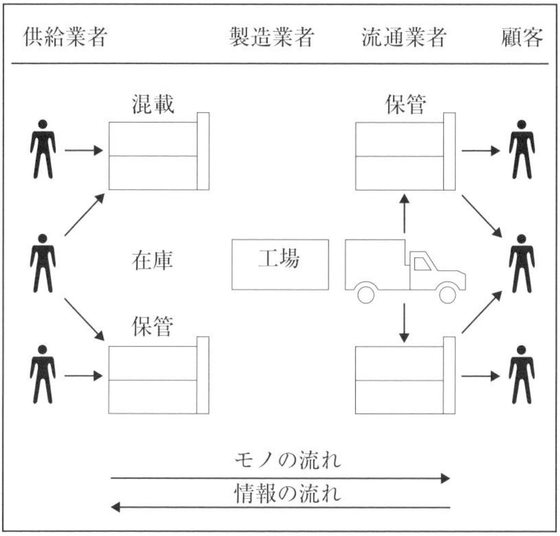

出所：Stevens［1989］p.3.

2.　サプライチェーン・マネジメント進展の背景

　前述した通り，SCM は 1980 年代に提案された概念だが，実務界では 1980
年代中頃のアメリカのアパレル業界での QR（クイック・レスポンス）への取
組みと，その後の 1990 年代初頭の食品業界での ECR（効率的な消費者対応）
への取組みによって普及した。わが国の実務界で SCM への取組みが進展した
背景には，以下のような要因がある。

（1）　消費者ニーズの多様化と競争のグローバル化

　特に先進国では，消費者ニーズが多様化し，従来の大量生産による画一的な
製品では個々の消費者ニーズに対応できなくなった。この消費者ニーズの多様
化には，1 人ひとりの消費者のニーズが異なるという意味での多様化と，ある
消費者がある特定の状況や時期に抱いていたニーズが別の状況や時期はまった
く別のニーズに変っているという意味での多様化という 2 つの側面がある。つ
まり，わがままで移り気ということだ。また，企業のグローバル展開が加速し

100

たことで，生産コストの安い国や地域で生産された製品が地球規模で流通するようになり，海外も視野に入れて原材料の調達や生産などの拠点整備が求められるようになった。それに伴い，グローバルでの調達，生産，流通といったビジネス・プロセス全体を効率的に運用する必要性が生まれたのだ。

(2) キャッシュ・フロー経営

わが国では，特にディスクロージャー（企業情報の開示）の観点から，1999年度（2000年3月期決算）から証券取引法の適用を受ける株式公開企業にCF計算書の作成が義務づけられたことで，実務界ではCFを重視した経営（CF経営）への関心が高まった。そのため，当時はCF経営の手段としてSCMが注目された。消費者ニーズの多様化に対応したブランドや製品ラインの拡大は，原材料や仕掛品，完成品の在庫量を増大させCFを減少させる。多様な消費者ニーズに対応しながらCFを増加させるには，消費者の購買動向，受発注のタイミング，流通チャネル全体の在庫水準を厳密に管理する必要があった。

(3) 情報技術の発達

インターネットやPOSシステムの普及によって，チャネル・メンバー間で在庫情報や市場情報の共有がリアルタイムで可能となった。さらに，EDI（電子データ交換）やEOS（オンライン受発注システム）の活用によって販売動向に即応した受発注が可能となっている。これらの情報技術の活用にはチャネル・メンバーによる統合的な取組みが不可欠であり，それが必然的にSCMの導入へと発展した。

第6節　おわりに

本章では，流通における諸理論について各々が依拠するアプローチの観点から解説した。延期－投機の原理は新古典派経済学に依拠して流通分野での効用

最大化を探求した。チャネル・パワーとチャネル・コンフリクト論は社会シス
テムズ・アプローチに依拠し，流通チャネル全体を社会システムと見なした。
VMS は新制度派経済学に依拠し，組織の境界線問題を扱った。いずれの理論
も流通チャネルの形態と管理を扱っているが，各々のアプローチは異なってお
り，各々の理論が拠って立つアプローチを理解することは，その理論が開発さ
れた時代の研究潮流や問題の焦点を理解するのを容易にするだろう。

＜注＞

1）　4Ps のうち，製品政策，価格政策，プロモーション政策は所有効用の創出に寄与し，チャ
ネル政策は時間効用と場所効用の創出に寄与する。
2）　ドメイン定義とは，①取扱製品の範囲，②対象とする母集団，③提供するサービスま
たあるいは遂行する機能の観点から自社の範囲を明確化したものである。個々のメン
バーのドメインに対する認識が重複しているときにはコンフリクトが生じ，チャネル全
体が獲得した利益を各メンバーにどのように配分するかを巡って対立が起こる。
3）　米国 SCM 専門家協議会（CSCMP）ホームページ〈http://www.clm1.org/〉。2015 年 1
月 18 日アクセス。
4）　同上。

＜参考文献＞

Alderson, W. [1957] *Marketing Behavior and Executive Action : A Functionalist Approach to
Marketing Theory*, Richard D. Irwin, Inc.（石原武政・風呂勉・光澤滋朗・田村正紀訳
［1984］『マーケティング行動と経営者行為－マーケティング理論への機能主義的接近
－』千倉書房。）

Beier, F. J. and L. W. Stern [1969] "Power in the Channel of Distribution," in L. W. Stern
(ed.), *Distribution Channels : Behavioral Dimensions*, Houghton Mifflin, pp.92-116.

Bucklin, L. P. [1965] "Postponement, Speculation and the Structure of Distribution
Channels," *Journal of Marketing Research*, Vol.2, No.1, pp.26-31.

Cooper, M. C., D. M. Lambert and J. D. Pagh [1997] "Supply Chain Management : More
Than a New Name for Logistics," *International Journal of Logistics Management*, Vol.8,
No.1, pp.1-14.

Davidson, W. R. [1970] "Changes in Distributive Institutions," *Journal of Marketing*, Vol.34,
No.1, pp.7-10.

French, J. R. P., Jr. and B. Raven [1959] "The Bases of Social Power," in Cartwright, D. (ed.),
Studies in Social Power, The University of Michigan, Ann Arbor, pp.155-167.

Kasulis, J. J. and R. E. Spekman [1980] "A Framework for the Use of Power," *European
Journal of Marketing*, Vol.14, No.4, pp.180-191.

Knight, F. H. [1921] *Risk, Uncertainty and Profit*, Houghton Mifflin Company.（奥隈榮喜訳
［1959］『危険・不確実性および利潤』文雅堂書店。）

McCammon, B. C. Jr. [1970] "Perspectives for Distribution Programming," in Bucklin, L. P.

102

(ed.), *Vertical Marketing Systems*, Scott, Foresman and Company, pp.32-51.
McCammon, B. C. Jr. and R. W. Little [1965] "Marketing Channels : Analytical Systems and Approaches," in Schwartz, G. (ed.), *Science in Marketing*, Wiley, pp.321-385.
Oliver, R. K. and M. D. Webber [1982] "Supply-Chain Management : Logistics Catches Up with Strategy," *Outlook*, Vol.5, No.1, pp.42-47.
Stern, L. W. and J. L. Heskett [1969] "Conflict Management in Interorganization Relations : A Conceptual Framework," in Stern, L. W. (ed.) *Distribution Channels : Behavioral Dimensions*, Houghton Mifflin Company, pp.288-305.
Stern, L. W. and J. W. Brown [1969] "Distribution Channels : A Social Systems Approach," in Stern, L. W. (ed.) *Distribution Channels : Behavioral Dimensions*, Houghton Mifflin Company, pp.6-19.
Stevens, G. C. [1989] "Integrating the Supply Chain," *International Journal of Physical Distribution & Materials Management*, Vol.19, No.8, pp.3-8.

(田口　尚史)

第8章

消費者と流通

─ 本章のねらい ─────────────────

① 流通やマーケティング研究における消費者像を理解する。

② 消費者行動の基本的な枠組みについて理解する。

③ 消費者や消費者行動の多様性について理解する。

④ 商品分類や小売技術と買物行動との関係について理解する。

⑤ 消費者行動と流通の関係について理解する。

第1節　はじめに

　24時間営業のコンビニエンス・ストア（以下，コンビニ）が登場することで，私たちは，深夜でも弁当やお菓子を購入することが可能になった。また喉が渇けば，近くの自動販売機でジュースを買って飲むこともできる。しかし，コンビニや自動販売機が存在しなかった時代には，深夜に弁当やジュースを買いに行くという行動を想像することさえできなかった。そう考えると，流通は，消費者やその行動に多くの影響を与えていると指摘することができる。

　逆に，消費者の行動やその消費様式が，流通に影響を与えているとも考えられる。例えば，日本では，2000年代に入り，多くの小売企業が，実店舗だけでなくインターネットによる通信販売を行うようになってきている。中には実店舗を持たずにネット販売だけを行う小売業者も出現している。消費者の間で，

ネットでの買い物が，一般的になるにつれ，それに対応する流通やその仕組みも変化しているのである。

このように，消費者は，流通に影響を与える存在であると同時に流通から影響を受ける存在でもあると言える。そこで，本章では，このような消費者と流通の関係について考えていこう。

第2節　消費者行動の基本的枠組み

本節では，消費者やその行動に焦点を当てる。最初に，流通やマーケティング研究において，消費者が，どのように捉えられているのかを確認する。次に，消費者行動を分析する基本的な枠組みについて簡単に整理する。

1.　流通・マーケティング研究における消費者

大辞林（第3版）によれば，消費者とは，「物資を消費する人，商品を買う人」である。これは，私たちが　般的にイメージする消費者の捉え方である。しかし，流通やマーケティング研究においては，消費者を色々な角度から理解しようとする。消費者には，その役割に応じて，使用者，購買者，支払者（資金提供者），意思決定者に分けることができる。

それを理解するために，携帯用ゲーム機で遊ぶことが大好きな小学生の男の子がいると仮定しよう。トイザらスのようにゲーム機やゲームソフトを販売する玩具専門店にとって，ターゲットとなる消費者は，誰であろうか。単純に考えれば，ゲームやゲームソフトを使用する男の子である。このように，実際に商品を使用する人を使用者と呼ぶ。しかし，小学生が高価なゲームソフトを1人で買いに行くとは考えにくい。おそらく，そのゲームソフトを購入するのは父親（母親）や祖父（祖母）となるであろう。このように商品を購入する人を購買者という。さらに，父親が購入しても，同伴した祖父のクレジットカード

で支払いをしたのであれば，支払者（資金提供者）は，祖父となる。また，そのゲームソフトを購入することについて最終決定をしたのは，母親かもしれない。その場合は，母親が意思決定者となる。もちろん，父親がゲームをしたり，購入・支払いをしたりするのであれば，その父親は，使用者，購買者，支払者という 3 つの役割を担っていることになる。

2.　消費者行動の類型

　消費や購買の様式は，消費者によって多種多様であると言える。ファッションにこだわる人は，そうでない人よりも衣料品に対する支出は多いであろうし，将来の生活に対して不安を抱えている人は，給料の多くを貯蓄に回すであろう。このような個別の消費行動を対象にするのか，「10 代女性」「日本人」のように何らかの属性を基準に集計した消費者全体の行動を対象にするのかによって，消費者行動の捉え方も異なる。

　本章では，図表 8-1 のように，消費者行動を消費行動，購買行動，使用行動に分類したうえで，それぞれについて解説する[1]。

図表 8-1　消費者行動の分類

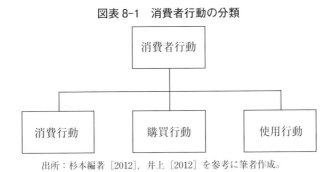

出所：杉本編著［2012］，井上［2012］を参考に筆者作成。

（1）　消費行動

　消費行動とは，支出の配分に関する行動のことである。さらに，消費行動は「消費と貯蓄の配分」と「消費支出の費目別配分」の 2 つに分けることができる。

　私たちは，所得や時間という限られた資源を仕事やプライベートに配分している。もちろん，人生や仕事，余暇に対する考え方は，個人によってバラバラであるが，仕事を重視するサラリーマンの男性であれば，睡眠時間も削り，そのほとんどの時間を仕事に費やすと思われる。したがって，会社から支払われた給料を余暇や家族サービスに支出することは難しく，その多くは貯蓄に回ることになるかもしれない。逆に，仕事よりも余暇を重視する若者の場合は，給料のほとんどを彼女との旅行やデートといった消費につかい，貯蓄はほとんどしないかもしれない。このように，所得をどのような割合で消費と貯蓄に分けるかを決定することを「消費と貯蓄の配分」と呼ぶのである。

　また，消費者は，どのような項目に，どれほど支出するのかを決定する必要がある。これを「消費支出の費目別配分」という。例えば，写真撮影を趣味とする男性は，食費を多少削ってでも，高級デジタルカメラや高価なレンズを購入しようと考えるであろうし，高級食材や食事にこだわる女性であれば，彼女の消費支出全体に占める食費の割合は高くなるはずである。この消費支出の費目別配分は，消費者が，自身の生活のどの領域を重視するのかに関するものであり，各個人の価値観や生活スタイルによって，その配分は異なると言える。

（2）　購買行動

　ここでの購買行動には，消費者が，何を，どこで，どのように購買するのかを選択・決定し調達する一連のプロセスとなる。そのプロセスには，①問題認識，②情報探索，③選択肢評価，④購買に分解することができる。以下では，通学のために，自動車を購入した大学生スズキ君の購買行動を見ていこう。

　まず，最初の段階は，問題認識である。公共の交通機関を利用した場合，通学に多くの時間が必要で講義に遅刻することがあったため，スズキ君は，通学に便利な自動車を購入しようとした。このように，消費者は，欲求や問題を認識したときに，それを充足・解決するために製品やサービスを購入しようと考える。この段階では，消費者が欲求や問題を認識することだけでなく，それをいかに解決するかというプランの構築も含まれる。

　次の段階は，情報探索である。これは，購入しようとする製品やサービスを

決定するために必要な情報を収集することである。消費者は，これまでの購買
経験などから得ている情報を利用したり（内的情報探索），セールスマンの説
明から得られる情報を利用したりする（外的情報探索）。スズキ君は，自動車
を購入した経験がなかったため，自動車に詳しい友人にアドバイスを求めたり，
ユーザーレビューが掲載されているウェブサイトを見たり，実際に試乗したり
して，情報探索を行った。

　情報探索の次は，選択肢評価の段階である。選択肢評価とは，情報探索から
得られた色々な情報を利用しながら，どのような選択肢があるのか，また，問
題を解決するために一番適している選択肢はどれなのか，といった観点から総
合的に選択肢を評価することである。スズキ君は，候補となる車に実際に試乗
したうえで，車好きの友人からの薦めもあり，A 社の α という車種を第一候補
にした。さらに A 社の販売店は，近所に 2 店舗あったが，そのうち，店舗内
が明るく，若いが頼りになりそうなセールスマンがいた店舗で購入しようと考
えた。このように，選択肢の評価には，製品だけでなく，ブランドや購入しよ
うとする店舗などの選択肢に対する評価も含まれる。

　そして，選択肢評価の結果に基づいて，最終的にどの選択肢を選択するかを
決定し，購買する。スズキ君は，第一候補である α を若いセールスマンがいる
販売店から購入した。

（3）　使用行動

　もちろん，消費者の行動は，製品やサービスを購入することで終わるわけで
はなく，それらを実際に使用・消費し，廃棄・処分することで完了する。製品
の場合，購買は，使用するための準備段階と言える。スズキ君も，購入した次
の日から毎日の通学に自動車を使用しており，その使用は，廃棄・処分するま
で続くことになる。これに対して，美容室でのヘアカットのようなサービスの
場合は，購買と使用（消費）が同時に行われる。

第３節　消費者行動が流通に与える影響

　本節では，消費者行動が，流通に与える影響について理解するために，まず最初に，消費者行動研究において消費が注目される理由を簡単に確認する。次に，消費者やその行動の多様性について述べる。そして，その多様性が，私たち消費者にとって身近な小売業に対して，どのような影響を与えるのかについて考えていく。

1.　購買から消費へ

　井上［2012］は，従来の消費者行動研究の問題点として，「①購買行動と消費行動を区別していない。②暗黙裡に購買行動に力点を置いている。③購買行動を経済行動として把握している。④問題認識あるいは情報の入手から購買に至るまでのプロセスに力点を置いている。⑤購買後の消費活動そのものに力点が置かれていない。⑥結果として，消費行動の意味についての研究が不十分である」（65頁）の6点を挙げている。さらに，消費者は，日常生活の中で製品やサービスを入手し消費するのであるから，その消費活動にも焦点を当てるべきであると主張している。ここでの消費とは，前節において確認した使用行動のことである。

　確かに，製品やサービスの有用性は，消費者が，実際にそれらを消費してみなければ分からないであろう。先ほどの自動車を購入したスズキ君の例で言えば，スズキ君は，通学時間を短縮するために自動車を購入したわけであるが，おそらく，彼は，その自動車を彼女とのデートにも使用するだろうし，車好きの友人とドライブするかもしれない。井上［2012］の一連の指摘は，製品やサービスの消費を通して，消費者が感じる満足感（あるいは不満足）や楽しさなどにも注目する必要性があることを強調するものである。

　もちろん，消費者行動研究においては，1980年代に入り，製品やサービス

の購買行動ではなく，購買後のプロセスに注目する研究が展開されるようになっている。例えば，Hirshman and Holbrook［1982］は，消費における感情に注目し「快楽的消費」という概念を提示している。当初の研究は，音楽や芸術作品の鑑賞のような娯楽を対象としていたが，近年は，その対象が製品やサービスへと広がっている。これらの研究では，「消費者は何を消費しているのか」，「消費者は，どのように消費しているのか」といった消費経験に焦点が当てられる。

2.　消費者や消費者行動の多様性

　一般的に，経済が進展するにつれ，消費者の欲求や行動，価値観は，多様化していくと言われる。このような多様な消費者行動は，前節で確認したような「消費者は問題解決のために情報収集し合理的に意思決定していく」という枠組みだけでは，説明することが難しい。私たちの買い物の仕方だけを考えてみても，事前に買う商品を決めて買い物をする場合もあれば，ウィンドウ・ショッピングのような時間消費型の買い物や，販売員と話しながら満足できる商品を選んでいくような買い物の仕方もあり，どれも私たちにとって特別なものではないであろう。

　田村［2006］は，大規模な調査を行い多様な消費者のそれぞれの特徴を明らかにしている。そこでは，消費者を「あきらめ型」「生活の質追求型」「生活合理化追求型」「価値追求型」の４つに分類している。生活の質追求型の消費者は，自分の個性に合った製品やサービスを使い，値段が少し高くても品質の良いものを買うといった特徴がある。逆に，生活合理化追求型は，できるだけ安く買うことを心がけ，不必要な製品は可能な限り買わない。また価値追求型の特徴は，生活の質と生活合理化を同時に追求する消費者であり，あきらめ型は，生活の質も生活合理化も追求しない点に特徴がある（図表 8-2 参照）。このような類型は，多様な消費者を理解するための１つの方法であると言える。

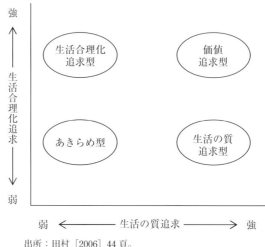

図表 8-2　消費者の類型

出所：田村［2006］44 頁。

　また，同じ消費者であっても，製品やサービスによってこだわる点が，異なる場合もある。みなさんの周りにも，低価格な洋服を着ていても所有する車は高級外車を好む人や，自分の趣味には徹底的にこだわり多くのお金をそれらにかけることを惜しまない人が，いるはずである。

3.　消費者行動と小売業

　したがって，このような多様な消費者やその行動は，流通に大きな影響を与えることになる。特に，小売業にとって，消費者は直接の顧客となるので，その多様性に，どのように対処するのかを考えることは重要な課題となる。これまでにも小売業は，消費者ニーズの多様化や高度化の問題に取り組んできた。
　簡単な例で言えば，コンビニの取扱品目やサービスの拡充である。コンビニが誕生した当初は，食料品と日用雑貨が品揃えの中心であったが，近年では，宅配や買物代行サービスをはじめており，このような取組みは，外出が難しい人や高齢者のニーズに対応したものと言える。さらに，ローソンは，若年男性を中心とした幅広い層をターゲットとする通常のローソンだけでなく，都会で

働く若年女性のために健康や美をテーマにしたアイテムを取り揃えた「ナチュラルローソン」や主婦や学生に向けて生鮮食品や低価格な商品を品揃えする「ローソンストア 100」を展開している。これも，多様な消費者ニーズに対応しようとする取組みの 1 つであろう。

　他にも家具小売業のイケアによる利用シーンを想定した展示法やアパレルショップの販売スタッフによる SNS を活用したコーディネイト例の発信なども，実際の利用シーンや着用の雰囲気を知りたいと考える消費者への 1 つの対応策となる。

　ここまで，小売業者がどのように多様な消費者やその行動に対処しているのかを簡単に確認した。上述したような小売業の活動は，個別の消費者というよりも，似通った消費者ニーズや生活スタイルに対応しようとするものである。しかしながら，多様な消費者が存在し，その消費者の行動様式が，小売業に何らかの影響を与えていると指摘することは可能であろう。さらに，それぞれの対応は，購買の側面というよりも，消費や生活の側面に注目したものである。これは，消費者行動研究が購買から消費に関心が移りつつあることと一致することが分かる。

第 4 節　流通が買物行動に与える影響

　購入の対象が製品なのか，サービスなのかで消費者の行動は異なり，さらに製品であっても，冷蔵庫のような耐久消費財か，食パンや牛乳のような非耐久消費財かで，買い物の仕方も違ったものとなる。何を，どこで，どのように購入するかは，購買を担当する消費者の意思決定の問題であるが，すでに述べたように，消費者は，商品やそれらを取り扱う流通業者（特に小売業者）からの影響を少なからず受けている。そこで，本節では，消費者の買物行動と関係する商品分類や小売技術について理解を深める。

1. 商品分類と買物行動

　流通業者の活動の1つに，どのような商品を，どれくらい取り扱うのかという品揃えに関する活動が挙げられる。この品揃えを決定する手がかりの1つになるのが商品分類である。その1つに，消費者の購買慣習から，最寄品，買回品，専門品に分けるやり方がある（図表8-3 参照）。

図表8-3　商品分類と特徴

分類	主な特徴
最寄品	日常的に購買・消費される商品　例．牛乳
買回品	比較購買される商品　例．衣料品
専門品	価格以外の魅力を持つ商品　例．高級時計

　最寄品（convenience goods）とは，消費者が，身近な店舗において頻繁に購入する商品である。最寄品には，食料品やトイレットペーパーなどの日用雑貨といった日常的に消費する商品が多く含まれる。それらの商品について，消費者は，過去の経験などから十分な知識を持っているため，それらを購入するときには，他の商品と比較することはほとんどなく，自分の欲求を満たすために直ちに入手しようとする。したがって，消費者は，買い物に便利さや安さを求める傾向にある。

　買回品（shopping goods）とは，消費者が，その商品の価格や品質，デザインなどを比較してから購入するような商品である。例えば，ジャケットを購入しようとする消費者は，いくつかの店舗を見て回ったり，試着したりすることで自分に似合うジャケットを探そうとする。このことからも分かるように，買回品の場合は，最寄品とは異なり，消費者は，その商品についての性質や自身のニーズを事前に明確に把握していない場合も多く，時間をかけて比較検討する過程で，購入するかどうかを決定してく。

　専門品（speciality goods）とは，有名ブランドのバッグや時計，スポーツカーといった高級品のような消費者にとって価格以外の特別な魅力を持つ商品である。消費者がそれらを購入する場合，彼らは事前に購買する商品やブランドに

ついて綿密な情報収集を行い，購入する店舗も決定しており，買回品のように比較購買をすることは，ほとんどない。

　繰り返しになるが，これは，消費者の購買慣習という視点から分類するものであるが，小売店頭における品揃えの観点から分類することも可能である。私たちがよく利用するスーパーマーケット（以下，スーパー）の商品分類を見てみよう。

　スーパーの商品は，食料品，飲料，日用雑貨，書籍などに大別することができる。さらに，食料品を細かく分類すれば，野菜，鮮魚，食肉，惣菜類，パン類，菓子類，乳製品，調味料などになる。また飲料においても，炭酸飲料，乳飲料，コーヒー，お茶やミネラルウォーターなどに分類される。

　また，デパートメントストア（以下，デパート）においては，各フロア毎に商品が分類されている。一般的なデパートのフロア構成は，地下には食料品，1階に化粧品やアクセサリーなどの婦人雑貨，2階や3階には婦人服や婦人靴，鞄，4階には紳士服，5階には子供服や文具，6階や7階には食器などの日用雑貨やスポーツ用品，8階にはレストランとなっている。

　このような分類は，小売業者が，自社の取扱商品を整理するためのものであるが，それは，私たち消費者にも深く浸透している。スーパーの場合，入り口付近に野菜，さらに店舗の外側を囲むように鮮魚や精肉，その内側には，冷凍食品，インスタント食品，調味料，菓子，飲料，惣菜類が，配置されていることを私たちは経験的に知っている。そのため，私たちは，初めて訪れるスーパーであっても迷わず買い物ができる。したがって，消費者は，小売業者の商品分類から少なからず影響を受けていると言えるであろう。

2.　小売技術と買物行動

　さらに，上述したような商品分類だけでなく，小売技術[2]も消費者行動に影響を与えている。例えば，日本でコンビニが本格的に展開されるようになったのは，1970年代になってからであり，コンビニという小売業態が普及する過程において24時間営業が主流になった。そのおかげで，私たちは，営業時

間を気にすることなく買い物ができる。それまでは，食料品や日用雑貨を扱うのはスーパーであったが，朝早くから深夜まで営業するようなスーパーは見られず，買い物が可能な時間は限られていた。

　このように考えると，現在では当たり前の小売技術であっても，それらが生み出され消費者にとって一般的になることにより，私たちの買物行動や生活は少なからず変化していることが分かるであろう。消費者に影響を与えた代表的な小売技術には，先に述べたようなコンビニの 24 時間営業だけでなく，デパートや総合スーパーのワンストップ・ショッピングや食品スーパーなどのセルフサービス販売，ディスカウント・ストアの安売りがある。

　営業時間についてもう少し詳しく見ていこう。すでに述べたように，24 時間営業を採用している代表的な小売業としてコンビニが挙げられるが，最近では，食品スーパーやファストフードチェーンなどさまざまな業態においても営業時間を拡大するようになりつつある。例えば,マクドナルドの多くの店舗は，24 時間営業をしているし，イオンの一部の店舗においては，早朝営業を開始している。小売業が営業時間を早めたり延ばしたりするのは，日中の買い物を避けるシニア層などを取り込もうとする動きであると考えることができる（『日本経済新聞』2012 年 6 月 1 日 Web 刊）。これは，小売企業の立場からの話であるが，色々な小売業が営業時間を延長することにより，消費者の利用形態にも変化を生じさせている。出勤前に買い物を済ませようと，早朝にスーパーを訪れるサラリーマンや深夜にファミリーレストランで試験勉強をする大学生たちを，よく見かけるようになった。つまり，営業時間の拡大という小売技術が，私たち消費者に影響を与えていると言えるであろう。

　また，ワンストップ・ショッピングにより，消費者は，さまざまな商品の購入をできるだけ 1 つの店舗で済ませることが可能になった。これまで，消費者は，衣料を買う場合には衣料品店，肉を買う場合には精肉店，魚を買う場合には鮮魚店に行く必要があったことを考えると，デパートやスーパーがワンストップ・ショッピングを実現したことで，いくつかの関連する商品を一緒に購入するという買い物のスタイルが一般的になったのである。

　同じように，スーパーにおけるセルフサービス販売や，いつでも安価に販売

することに重点を置くディスカウント・ストアも消費者やその行動に影響を与えている。セルフサービス販売によって対面販売からの煩わしさから開放され,消費者は誰でも気軽に買い物ができるようになった。また,ディスカウント・ストアの登場によって,多くの主婦は,特売広告を毎日チェックする必要がなくなった。なぜなら,アメリカのウォルマートに代表されるディスカウント・ストアは,年間を通して低価格で商品を提供するという価格政策を採用しているからである。

第5節　おわりに

　本章では,消費者と流通の関係について検討してきた。最初に,消費者行動の基本的枠組みについて解説した。流通・マーケティング研究においては,消費者は,使用者,購買者,支払者,意思決定者に分けることができる。さらに消費者行動を消費行動や購買行動,使用行動に分類し,それぞれの特徴について概観した。第3節では,消費者行動に関する研究の焦点が,購買段階から使用段階に移りつつある点を確認し,消費者やその行動の多様性が,少なからず小売業の活動に影響を与えてきた点が明らかになった。第4節では,商品分類や小売技術と買物行動との関係に注目し,流通が,消費者に影響を与えている点を確認した。本章での検討を通して,消費者と流通は,お互いに影響を与えながらも,逆に影響を受ける存在であるという関係であることが,理解できたであろう。

<注>
　1)　ここでの購買行動には,買物場所の選択や店舗の選択という買物行動が含まれる。
　2)　本章では,小売業が保有する商品提供に関する知識や技能,ノウハウ等を総称して小売技術とする。

＜参考文献＞

井上崇通［2012］『消費者行動論』同文舘出版。

小川孔輔［2009］『マーケティング入門』日本経済新聞社。

杉本徹雄編著［2012］『新・消費者理解のための心理学』福村出版。

田中洋・清水聰［2006］『消費者・コミュニケーション戦略』有斐閣。

田村正紀［2006］『バリュー消費：「欲張りな消費集団」の行動原理』日本経済新聞社。

Hirschman, E. C. and M. B. Holbrook［1982］"Hednic Consumption : Emerging Concepts, Methods and Prpositions," *Journal of Marketing*, Vol.46, pp.92-101.

（大藪　亮）

第9章

生産者と流通

=== 本章のねらい ===

① メーカーが流通段階への関与を強めた背景を理解する。

② マーケティング・マネジメントにおける流通の意義と役割を理解する。

③ マーケティング・チャネルの設計に関するさまざまな知見を理解する。

④ 流通の系列化やパワーの行使による目標の不一致や利害の調整に関する意義を理解したうえで，今日的課題について考える。

⑤ 対立から協調へと向かう企業間関係を理解し，新たな視点による検討の必要性を考える。

第1節　はじめに

　生産者（メーカー）にとって，自社製品をどのように流通させることができるのかという問題は重要である。メーカーの意図する状態で製品が販売され最終消費者の手元に届くようにするためには，メーカーの主体的な流通システムへの関与が必要になる。これまでを振り返ると，大量生産体制が確立するに従って，メーカー主導型の流通システムが構築されてきた歴史がある。19世紀の米国では貿易商や国内卸売業者が主導していたが，新製品を大量流通させようという局面ではメーカーが新たにブランドを付し広告や販売員を利用して積極的に市場への浸透や拡大を推進した。1910年代以降，大量生産が進展する自動車産業では，販売会社の系列化や組織化が積極的に推進され，今日の流通シ

ステムが構築されていく。

　ところが，今日の社会において，メーカー主導型の流通システムが支配的であるかといえばそうでもない。家電業界をみれば，大型小売店のバイイング・パワーの増大は流通システムにおけるメーカーの主導権を奪い，新たな展開がみられるようになっている。こうした理解に基づき本章では，最初にメーカーが構築するマーケティング・チャネルの諸相に注目する。また，チャネル・パワーが及ぼす影響を考える。続いて，メーカーのマーケティング・チャネル政策を概観するとともに，メーカーが直面する課題に注目し，今後の展開を考えていく。

第2節　メーカーの流通段階への関与とマーケティング

1.　メーカーによる流通関与

　かつて，消費財メーカーの多くは規模が小さく販売力を持たない時代があった。当時のメーカーは，製品の生産だけで販売や広告に充てる資源が乏しく，製品の販売は卸売業者に頼らざるを得なかった。このとき，メーカーは製品を卸売業者に流通を委託することで，卸売業者は小売業者まで製品を販売してくれたのである。当時，製品の企画や品質，価格や値入れなどについて主導権は卸売業者にあり，メーカーは卸売業者の意向に従わざるを得なかった。日本でも戦後間もないころまで，生鮮食料品，加工食品や日用雑貨などの商品流通の多くは卸売業者主導が続いたといえる。

　こうした状況が変化するのは戦後のことである。消費財を生産するメーカーのうち，市場で寡占的地位を持つ企業が相次いで流通過程へと介入するようになる。家庭電器，自動車，楽器，時計，洗剤，化粧品などで寡占的地位にあるメーカーは，特定の卸売業者，小売業者に対し緊密な関係を形成して，自社製品の販売や協力に専念することを促していったのである。メーカーが自社製品を販売するためのルートのことを，一般にマーケティング・チャネルという。

メーカーは独自のマーケティング・チャネルを構築し管理することで差別的優
位性を明確にしようとしたのである。

　メーカーが推進する流通の系列化は，メーカーのマーケティング活動と密接
に関係する。これは，メーカーが積極的に顧客とコミュニケーションを形成し
顧客からの支持を獲得しようとしたからである。

2.　マーケティング・マネジメントと流通

　ところで，マーケティングがメーカーによる流通・消費への関与のための理
論および手法として誕生したことは，いうまでもない。マーケティング・マネ
ジメントとは，それがマネジメントの視点から体系化されたものだといえる。
マーケティング・マネジメントを駆使して市場での影響力を高めようとする
メーカーの努力は，商業組織の近代化に寄与するとともに，資金や人的介入に
よって進められた。メーカーは流通の系列化を実現するうえで，最終消費者に
向けて統制可能要因への関与を高めていくことになる。

　統制可能要因を考えるうえで，マッカーシー（McCarthy［1960］）の主張に注
目したい。彼は，マーケティング戦略の実施にあたって，統制不可能要因に対
し，4Ps（Product（製品），Place（場所），Price（価格），Promotion（促進））
といった統制可能要因の最適な組み合わせによって適応を促進させることが重
要だと指摘する（図表9-1）。

　マーケティング・マネジメントは，統制可能な諸手段（4Ps）を駆使し消費
者（図表9-1中の中心にある「C」とは消費者（Consumer）を表している）に
創造的に適応するものといえる。メーカーは統制可能な諸手段を適切に組み合
わせ（このことをマーケティング・ミックスという），消費者ニーズへの適合
を図る。ここでいう4PsのうちPlace（場所）とは製品の流通経路を検討する
ことを意味しており，メーカーはマーケティング・マネジメントを実施するに
あたり，流通段階への関与を通じてマーケティング・チャネルの構築・維持を
志向することになる。これは，自社製品を最終消費者に届けるために極めて重
要なものであり，独自のマーケティング・チャネルを構築し管理することの意

図表 9-1　McCarthy の示すマーケティング・マネジメントの体系

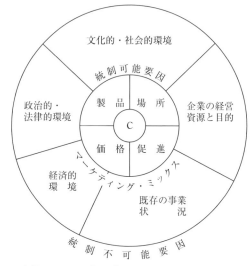

文化的・社会的環境

統制可能要因

政治的・
法律的環境

製　品　場　所

C

価　格　促　進

企業の経営
資源と目的

マーケティング・ミックス

経済的
環　境

既存の事業
状　　況

統制不可能要因

出所：McCarthy［1960］p.49.

義はマーケティング・マネジメントの視点からも説明できることになる。

第３節　マーケティング・チャネルの設計

1.　直接流通と間接流通

　メーカーが消費者に自社製品を販売することをマーケティング・チャネルの
視点から検討するとき，メーカーの意思決定は，直接流通と間接流通のいずれ
かを選択することになる。以下，どのような視点からメーカーはマーケティン
グ・チャネルを選択するのかについてみていく。

（1）　直接流通

　メーカーが直接最終消費者に自社製品を販売する方法に，店舗を持たずに販
売する方法として①通信販売，②インターネット販売，③訪問販売，④自動販

図表9-2　直接流通の諸形態と特徴

形　態		特　徴
無店舗	①通信販売	新聞・雑誌・テレビなどの広告を通じて，あるいはカタログやダイレクトメールを見込客に送付するなどして注文を受け，商品を発送する販売方法である。近年の通信技術と輸送手段の発展によって成長している。注文を受ける際に必要な顧客情報を聞き取るので，顧客情報データベースの構築が可能となる。さらに土地や店舗にかかる経費が節約できるほか，地理的な制約を受けずに幅広い需要を見込むことができる。
	②インターネット販売	インターネット上に仮想店舗をおき，製品を販売する。この仮想店舗はウェブページで商品の広告と受注を行い，カタログやダイレクトメールの作成や送付のコストを削減することができる。インターネット販売の取引量は年々増加している。
	③訪問販売	販売員が見込客の家庭や職場を個別に訪問して，店舗外で商品の引き渡しと代金の受け取りをする販売方法を採る。消費者は，通信販売と同様に，買い物のために外出することなく商品を購入することができる。販売員が商品説明できるという利点があるが，豊富な商品知識や情報が必要になる。
	④自動販売	自動販売機で商品やサービスを販売する方法で，省スペースで人件費が少なくて済み，24時間販売が可能といった利点がある。消費者にとっても時間と場所を問わず利用できる便利さがある。
有店舗	⑤小売店の直営	メーカーが直接小売店を運営することで，製造から販売，アフターサポートを一元的に管理することができる。消費者にとっては，他メーカーの製品との比較検討ができないこともあるが，一貫したサポートが享受できることが利点になる。

出所：筆者作成。

売などがあるほか，⑤小売店を直営するといった方法が挙げられる（図表9-2）。

　メーカーが直接流通を選択することは，流通機能の多くをメーカーが代替することを意味している。そのため，流通のためのコストとリスクをメーカーが負担することになる。流通業者が発揮する延期の原理（Alderson［1957］）までをメーカーが果たさなければならないといえる。しかしそれが可能なら，メーカーは最終消費者と直接取引を行うことで，消費者ニーズの把握が容易になり，より効果的・効率的に製品開発を進めることができる。

(2)　間接流通

　間接流通とは，メーカーが卸売業者や小売業者を経由して自社製品を最終消

費者に販売する場合をいう。メーカーは自社製品を最終消費者と直接取引することがないため，消費者ニーズの収集は容易でない。しかし，多くの卸売業者や小売業者に自社製品を流通させた場合，直接流通を上回る高い拡販効果が得られる。さらに，流通に要するコストやリスクは流通段階にある企業が負担することになるため，大幅に軽減されることになる。

　こうした背景から，従来は多くのメーカーが間接流通の仕組みによって製品を販売してきたのである。しかし，競合する他社製品と併売され過当な価格競争の問題も生じ得る。そこで，メーカーはマーケティング・チャネルの種類による違いを理解したうえで，マーケティング・マネジメントを展開しなければならない。

2.　チャネルの種類

　ここで，間接流通を選択するメーカーは，マーケティング・チャネルの種類を検討する必要がある。流通段階の仕組みを単一にするのか，複数にするのかといったものである。一般に，シンプルなマーケティング・チャネルの方がメーカーは統制しやすい。一方で，購買頻度の高い製品を供給し幅広い市場浸透を期待すれば，複数のマーケティング・チャネルの活用が求められる。企業が対象とする市場や顧客の特性，製品コンセプトの特性，企業規模やマーケティング戦略など，さまざまな要因によってマーケティング・チャネルの種類と活用は異なるといえる。

　歴史的には，消費財の多くの製品において複数のマーケティング・チャネル活用が採用されてきた。これは，スーパーマーケットの登場以降，ディスカウント・ストア，大型専門店といった新たな業態の小売業者が次々と誕生したことによる。それまで中小小売店を系列化したメーカーでも，新業態の量販店に対し安定的な取引関係を構築すべく，複数のマーケティング・チャネルが活用されてきたのである。

　ただし，多数のチャネル活用が同時に採用されることで，販売価格の格差が大きくなるといったチャネル間競争やコンフリクト[1]は増加することになる。また，大量販売力を持つ小売業者がメーカーに行使する交渉力は次第に大きいものとな

り，メーカーが収益力を圧迫され苦境に追い込まれることも少なくない。メーカーはこれら小売業者に向けた販売会社の体質強化や再編成を進めざるを得ない。

3.　チャネル開放の度合い

このほか，間接流通を選択するメーカーは，チャネル開放の度合いも検討することが求められる。メーカーが製品を販売する際，卸売業者や小売業者に対してどの程度の販売店を利用し取り扱うことが望ましいかを検討する必要がある。これを分類すると，①開放型チャネル政策，②選択型チャネル政策，③専売型チャネル政策の３つとなる（図表9-3）。

①開放型チャネル政策とは，メーカーが卸売業者や小売業者をコントロールしようとしない政策といえる。多数の流通業者に自社製品の取り扱いを可能に

図表9-3　チャネル政策の諸形態と特徴

形　　態	特　　徴
①開放型チャネル政策	拡大的チャネル政策ともいうことができる。自社製品ができるだけ多くの卸売業者・小売業者に取り扱われることをねらう政策で，販売地域や競合する製品に関する制限などを行わない。配荷率（Store Coverage）を高めることで，消費者に向け製品を露出させる効果をねらうことができる。一方で，製品の管理水準が低くなり，メーカーの詳細な意図が販売段階で十分反映されないなどの懸念も生じる。
②選択型チャネル政策	メーカーのマーケティング目標に沿って卸売業者や小売業者を選別する。比較購買が重要となるファッション分野で多く採用される政策であり，アフターサービスや専門知識が必要となる際に採用される政策である。競合する他社製品との併売に制限がないなどもあり，チャネル内での協力も得やすい。開放型と専売型の政策の中間的な側面を持つ。
③専売型チャネル政策	排他的なチャネル政策の典型である。卸売業者・小売業者に対し競合する他社製品の取り扱いを制限するなどし，専売店としての強みを発揮させようとするねらいがある。専売的チャネル政策においては，流通段階における他社製品との競争は排除できる一方で，専売店間の競争や自社専売店同志の競争を抑制することはできない。また，消費者に高い提案力を発揮するための努力がメーカーに要求される。

出所：渡辺［2004］38-39頁の内容を基に筆者作成。

させることで，幅広く製品の普及を期待する。

　②選択型チャネル政策とは，卸売業者や小売業者に一定の条件や資格を付与し，有資格者にだけ自社製品の取り扱いを認めさせる方法である。アフターサービスや専門知識が必要となる製品の流通において効果的であり，チャネル内での協力が得やすい仕組みとして機能する。卸売業者や小売業者においては，競合する他社の製品も取り扱うことが可能であり，市場の変化に柔軟に適応できるメリットもある。

　③専売型チャネル政策とは，自社製品だけを取り扱うと規定した契約において卸売業者や小売業者に製品を供給する方法である。この政策は，自社製品やサービスを指定した地域で販売する営業独占権を与える方法であり，卸売業者や小売業者は仕入や販売の自由が制約される一方で，独占的にメーカーの製品を取り扱い，小売の店頭では高い顧客ロイヤルティを獲得する契機となる場合がある。

4. チャネル政策のねらい

　前項までで明らかなのは，メーカーの製品が市場に浸透するためには，適切なチャネル政策が実施されなければならないということである。このとき，メーカーのねらいは製品の普及拡大のほか，顧客からの支持獲得も重視する。コストは抑制したい一方で，過当な価格競争に巻き込まれない工夫も必要になる。すると，メーカーの課題は，チャネル政策の選択だけで完全に解決しない。何らかの意志を持ってチャネル政策を実施しなければならないといえる。

（1）垂直的マーケティング・システム[2]

　では，どのようなマーケティング・チャネルに向けた政策が求められるであろうか。チャネル・マネジメントを規定する要因として，企業間の競争が挙げられる。この企業間競争の様相にも変化が生じてきた。かつて競争は，メーカー間，卸売業者間，小売業者間において展開されてきた。これを流通段階でみると，競争の関係は水平的だったといえる。しかし，チャネルを主導する企業によって流通段階が垂直的に組織化されたマーケティング・システムの競争へと，

その次元が変化するようになった。これを垂直的マーケティング・システム
（Vertical Marketing Systems）といい，伝統的なマーケティング・チャネルに代
わる仕組みとして注目されてきたのである。

(2)　チャネル・パワー[3]

　さらに，チャネルを主導する企業はどのような影響力を行使するのだろうか。
バイヤー゠スターン（Beier and Stern［1969］）は，行為者がパワーを保持するた
めには，相手に対し信念や感情などを抱かせる必要があるという（図表9-4）。
自社に帰属しない流通業者の行動に対しパワーを発揮するために，さまざまな
形態のパワーの行使が行われてきたといえる。

図表9-4　チャネル・パワーの諸形態と特徴

形　　態	特　　徴
報酬のパワー	行為者の目標達成に協力した際の経済的対価のこと。 ＊リベートや販売店援助，独占的販売権の供与などが挙げられ，直接的 　かつ短期的に影響を与えることが可能になる。
制裁のパワー	行為者の指示に従わない場合はペナルティを課すなどの対応のこと。 ＊報酬の削減や出荷の制限，取引の縮小や停止などが挙げられるが，過度 　な制裁は構成員の反発を招き，チャネル維持が困難になる危険も高い。
専門性のパワー	製品や需要などの情報提供，経営指導などのこと。 ＊POSデータなどがパワー資源になり得る。情報の活用は長期的に構 　成員の行動を方向づけることに適しており，近年は重要性が高まっ 　ている。
正当性のパワー	法律や契約，共通の価値観に基づき行動に影響を与える正当な権利のこ と。 ＊マーケティング・チャネルを主導する企業のリーダーシップを裏付け 　る要因などが挙げられる。
一体性のパワー	ほかの構成員をひきつけ，共感を獲得する取組みのこと。 ＊ブランド力や知名度の活用が挙げられる。

出所：Beier and Stern［1969］の内容を基に筆者作成。

5.　小　　括

　これらより，メーカーが適切にチャネル政策を実行するためには，水平的な
チャネル間競争から脱却する必要がある。メーカーが行使する影響力によって，

マーケティング・チャネルが垂直的に統合した組織が形成される。

　一般に，寡占的消費財メーカーは卸売業者や小売業者より組織の規模が大きく資本力も強大である。このため，マーケティング・チャネルをメーカー主導で系列化し強い影響力を発揮する場合がある。自動車メーカーなどはその典型といえる。VMSの視点からすれば卸売機能を内部化するとともに，小売機能もフランチャイズ・システムを導入することで，ディーラーをコントロールしてきた。自動車メーカーによるディーラー・システムの構築は，メーカーの主導する流通系列化政策によるものとされてきた。

　しかし，近年はメーカーが高圧的なパワーを行使し，影響力を持つことが困難になっている。メーカーの影響力が低下し，パワーの行使が消耗戦となり体力を奪う傾向も少なくない。こうした局面においては，対立を前提としたチャネル・パワーの行使の検討に限界がみられる。むしろ，チャネル間の協調とそれに伴う統合型チャネルの構築に向けた検討が必要になっている。

第4節　メーカーが直面する課題

1.　対立の限界

　ここまで，マーケティング・チャネル研究の展開とともに生産者（メーカー）の流通段階への関与についてみてきた。間接流通の分野においては，マーケティング・チャネルの開放や政策，パワーについて詳細に検討されてきたことは明らかである。チャネル間の主体はそれぞれ独立しており，それぞれ個別の目標を持っている。そのため，チャネルを主導する企業のリーダーシップが重要であり，流通の系列化やパワーの行使による目標の不一致や利害の調整が必要だったといえる。

　家電業界は，これまでメーカー主導のマーケティング・チャネルが構築された最たるものであった。例えば松下電器産業（現パナソニック）は市場シェア

の拡大を図るべく地域ごとに販売会社を設立し，同社製品の卸売機能を一任した。この取組みが拡大することでメーカーは卸売企業に対し優勢となり，流通の系列化は推し進められたのである（矢作［1993］）。ところが，今日では家電量販店主導の市場が形成され，パワーシフトが起きている。家電量販店の圧倒的なバイイング・パワーを背景に，間接経費を抑制しようとするメーカーの行動が家電量販店重視を選択せざるを得ない状況をもたらしたのである（中嶋［2011］）。メーカーのリーダーシップが顕著だった自動車メーカーのマーケティング・チャネルも，国内市場の縮小とそれに伴う販売店の収益悪化に伴い，2007年以降に統合や再編を進めた。メーカーは財務体質の悪化により，2000年を迎える頃から販売奨励金を支払えなくなった。管理手段たるパワーの一端が欠落するとともに，メーカーは複数のマーケティング・チャネルの維持すら困難となった（石川［2009］）。

　こうした状況から明らかなのは，メーカーが絶えず小売業者に対し強い影響力を行使できるとは限らないということである。家電業界においては，最終消費者と接点のある小売業者が，強大なバイイング・パワーによって影響力を持ったことが事態を変化させた。このことは，市場で寡占的地位にある消費財メーカーでも，メーカー主導でマーケティング・チャネルを構築することに限界が生じることを明白にしたといえる。自動車メーカーは市場の縮小がチャネルの再編・統合を加速させたが，メーカーが行使するパワーも減少していることが示されている。これら局面において，チャネル・メンバーに向けてメーカーが行使し得るパワーは限られており，それだけで高い効果が見込めないことはいうまでもない。

2.　対立から協調へ

　ここまでの検討において，マーケティング・チャネル研究はパワーや対立以外の要素に対する考慮が不足してきたともいえる。その結果，チャネル間の組織が協調的に行動する側面に焦点を当てる機会を逃してきたのかもしれない。例えば，コンビニエンス・ストアのマーケティング・チャネルには，チェーン

本部とベンダーの協働によるマーチャンダイジングに明確な強みがみられるほか（矢作［1994］），アパレル企業のマーケティング・チャネルでは製品開発から小売に至るすべてのプロセスを統合して管理する SPA 業態が確立している（加藤［2006］）。こうした傾向からは，製品の流通に留まらない立場を超えたチャネル間の新たな関係が強みとなる時代を迎えているということである。

　このほか近年は，デジタル技術の進展による情報活用の急速な浸透や決済手段の多様化，とりわけサブスクリプション・モデルの普及に伴って，製品の購買後の利活用も含めたサービスを付与するビジネスも増えている。製品の消費利用を幅広くサポートし，提供するサービスをアップデートする動きも見られ，顧客との関係の重要性が増している。このときサービスを提供する主体は，必ずしもメーカーとは限らない。むしろ，顧客との接点の重要性は増しており，サービスを拡充できる主体であるか否かが問われている。ここに，対立を前提とした従来の検討だけでは解決できない課題が存在することを確認できる。

第5節　おわりに
―協調の先へ―

　以上の検討から，マーケティング・チャネルの構築と維持に向けて，メーカーが直面している課題はさまざまであることが明らかになった。メーカーが主導してマーケティング・チャネルを統率しているものもあれば，すでに行使し得るパワーが限られているものもある。明確なのは，小売段階での成果獲得が重要であり，これを実現するのはメーカーの寄与に留まらないということである。むしろ，小売段階で収集する情報から消費者ニーズを検討することが求められており，コンビニエンス・ストアや SPA 業態の成長要因にもこの点を確認することができる。

　今や，多くの小売企業が POS（Point of Sales）データを蓄積し仕入や在庫管理に役立てている。POS データの活用は，小売企業がメーカーに対し交渉力を強めている要因であることはいうまでもない。ところが近年，その POS デー

タを生産者や卸売企業に開示する食品スーパーマーケットが増えているという。これは，POS データが有益な情報を蓄積するのに対し，マーチャンダイジング[4]担当者の不足や，担当者のノウハウによる提案力の違いが課題として指摘されていたことによる。小売企業が活かしきれないデータを公開することで，メーカーや卸売企業からマーチャンダイジングの提案を受けることが可能になる。これによって小売企業の担当者不足が問題ではなくなり，チャネル間の協調による高い成果を目標とすることが可能になったのである（菊池[2013]）。

　上記事例にみられるのは，チャネル間の駆け引きを越えた新たな製品供給の枠組みへと関係が変化していることである。小売企業が提供する情報を基に生産者や卸売企業がマーチャンダイジングを提案する。メーカーや卸売企業とのインタラクティブな関係は，生産と流通の社会的分業の枠を超えた新たな展開だといえる。ここで重視すべき関係とは，対立をパワーによって統制する関係ではなく，信頼やコミットメントを鍵概念としつつ，長期志向性を重視するものであろう（Morgan and Hunt [1994]）。ただし，対立から協調へというパラダイム・シフトは楽観的な理想論を掲げるだけでは実態に乏しい。交錯した現実を説明できる枠組みが急がれる（渡辺[2011]）。

　実際に，パンやパスタをサブスクリプション・モデルで提供する企業は顧客コミュニティを活用することで，顧客自身が感じる価値を共有することができるようになっている。また，その価値に応じた企業の提案が生まれるようになっており，顧客との関係と新製品開発の垣根はみられない。ファッションのサブスクリプション・モデルに挑む企業は，衣服をレンタルする生活を提案し，利用者はスタイリストの提案を受け入れることで，新たな日常の感覚を経験する。これらは，多様な価値認識が生まれる消費の現場に企業が焦点を当てて直接関与するようになった証であり，企業による顧客との接点における提案の豊かさは増している。当然，生産は消費の実態に即した提案に応じていかなければならない。

　これは，現代の流通システムが消費との垣根を取り払おうとしているためである。生産・流通は消費に向けた経済活動だが，消費との垣根を取り払うため

130

には，消費プロセスに焦点を置く考え方に基づく必要がある。この新たな考え方は，協調を唱えるだけでは何も実現しない。この局面において，メーカーは製品の提供に留まらない新たな挑戦を伴う。このほか，協調の先を見据えた，製配販の社会的分業の枠に捉われない新たな能力の統合が必要になるといえる。生産・流通の経済活動は，消費と一体的に捉えて検討する意義が高まっており，今後は新たな視点による研究の蓄積が必要だといえよう。

＜注＞

1) コンフリクトの要因や解決策の具体的な議論については，第7章を参照のこと。
2) 垂直的マーケティング・システムの理論的背景については，第7章を参照のこと。
3) チャネル・パワーの理論的背景については，第7章を参照のこと。
4) 商品化計画と呼ばれ，適正な商品を，適正な時期に，適正な場所で，適正な量を，適正な価格で仕入れて販売する活動である。

＜参考文献＞

石川和男［2009］『自動車のマーケティング・チャネル戦略史』芙蓉書房出版。

加藤 司［2006］『日本的流通システムの動態』千倉書房。

菊池宏之［2013］「加工食品のサプライチェーンをめぐる対抗と協調」日本流通学会編『製配販をめぐる対抗と協調』白桃書房，149-168頁。

田島義博・原田英生編著［1997］『ゼミナール 流通入門』日本経済新聞社。

中嶋嘉孝［2011］「家電メーカーにおけるマーケティングチャネルの変遷」『大阪商業大学論集』第7巻第1号, 89-108頁。

矢作敏行［1993］「流通チャネルの変動」日経流通新聞編『流通現代史 －日本型経済風土と企業家精神－』日本経済新聞社，119-149頁。

矢作敏行［1994］『コンビニエンスストア・システムの革新性』日本経済新聞社。

渡辺達朗［2004］「マーケティング・チャネルのマネジメント」小林哲・南知惠子編『流通・営業戦略 －現代のマーケティング戦略③－』有斐閣，33-60頁。

渡辺達朗［2011］「流通チャネル研究の展望と課題」渡辺達朗・久保和一・原頼利編『流通チャネル論 －新制度派アプローチによる新展開－』有斐閣, 1-36頁。

Alderson, W. [1957] *Marketing Behavior and Executive Action*, Richard D. Irwin. (石原武政訳［1984］『マーケティング行動と経営者行為』千倉書房。)

Beier, F. J. and L. W. Stern [1969] "Power in the Channel of Distribution," (In) Stern, L. W. (Eds.) *Distribution Channels : A Behavioral Dimensions*, Houghton Mifflin, pp.92-116.

McCarthy, E. J. [1960] *Basic Marketing : A Managerial Approach*, Richard D. Irwin.

Morgan, R. M. and S. D. Hunt [1994] "The Commitment-Trust Theory of Relationship Marketing," *Journal of Marketing*, Vol.58 (3), pp.20-38.

（今村 一真）

第10章

生協と流通

── 本章のねらい ────────────────────

① 生協（生活協同組合）の組織と事業概況を把握する。

② 地産地消に代表される食と農をつなぐ取組みの目的を理解する。

③ 地域社会における流通の役割を整理する。

④ 協同組合としての生協の諸課題を押さえる。

⑤ 買い物弱者への対応策を自分なりに考える。

⑥ DX コーププロジェクトなど新たな取組みを概観する。

第1節　はじめに

　本章では生活協同組合（以下，生協）と流通について考える。生協は，消費者が出資金を払い込んで組合員となり，これら組合員を中心に構成・運営されている組織である。特に生協の場合，他の協同組合以上に生活への密着感を持っているのが特徴で，例えば「このような商品を買いたい」「こんなサービスがあると便利だ」等といった暮らしの中から生まれるさまざまなニーズを，組合員が力を合わせ実現することを目指している。

　個々に独立した組織として設立された生協は全国各地にあるが，そのタイプも購買事業を行う地域生協，医療事業を行う医療福祉生協，大学の学生や教職員のための大学生協などに分かれる。ここで取り上げるのは，このうちの地域

生協で，組合員の日々の生活に欠くことのできない商品を供給する「購買事業」を主に展開している。具体的には，いわゆるコープブランドの商品や産直品を始めとした食品，家庭用品等を，各地の店舗で販売し，あるいは組合員の自宅や職場まで配達するというものである。

　このようにして運営される生協は，すでにわが国の流通機能の一翼を担う組織である。但し，株式会社である民間事業者とは協同組合である点で一線を画し，これに由来する相違点も少なくない。その一方では，事業運営に似通った面も少なくなく，時に激しい競争の行われることもある。ここでは，そういった面も含め生協のありようを点検したい。

　まず，この後の第2節では，生協の実際の取組みを取り上げる。これは最新事例を概観することで，現在の生協事業のポイントがどの辺りに置かれているかを確認するためのものである。続く第3節では，わが国の流通の状況を整理する。同種の記述は他章にもあることから，ここでは特に地域インフラとの関連において流通を捉える。第4節では協同組合としての生協の課題について述べ，さらに第5節で生協ならではの取組みやJA（農業協同組合）など他の協同組合と連携した取組みを紹介する。そして最後の第6節では，流通機能の課題と対応策をまとめ，そこから導かれる今後の生協としての可能性を論じる。

　なお，第3節および第5節では，平成22年5月に公表された経済産業省の「地域生活インフラを支える流通のあり方研究会」の報告書[1]を参照している。『地域社会とともに生きる流通』という報告書の副題が示す通り，わが国の流通のより大きな発展の方向性にかかる検討結果である。組織の性格柄，福祉や社会的使命を強く意識する生協の事業運営には，この研究会での検討を先取りしたものが多く含まれている。やや古い報告書ではあるが，以降の生協の事業を考えるうえで好事例になると思われた。

第 2 節　食と農，人と人とをつなぐ取組み

1.　生協による地産地消の推進

　全国の生協では，産直事業を行うにあたり，生産者と消費者との交流をその基盤として位置付けている。さらに多くの生協において，①生産地と生産者が明確であること，②栽培・肥育方法が明確であること，③組合員と生産者が交流できること，という「産直三原則」を定式化した[2]。そして，このような厳格な運営体制のもと，各都道府県内で生協の取り扱う地産地消としての生鮮食品の供給高は相当額にのぼっている。

　これまで生協の産直事業は，地産地消を前提とした事業展開を通じ，地域内の農産物生産と消費とを結びつける役割を担ってきた。これは地域経済を循環させ，ひいては地域を活性化することを目指したものである。その取組みにはユニークなものも含まれ，例えば，多くの生協の店舗で「ご近所野菜」等の名称による専用コーナーを設けているが，ここでは農産物の置かれた傍らに畑の様子や生産者の表情を伝える写真等が掲示される。同様の対応は宅配の商品案内にも見られ，産地や生産者の紹介，産直商品の作られる様子などは案内紙面には欠かせない項目となっている。

2.　生産・加工現場にもおよぶ取組み

　こうした配慮が消費者の安心感につながっているのは言うまでもないが，地産地消の推進を目的とする以上，取組みの対象は生産や加工の現場にも及ぶこととなる。その 1 つの典型が，地場食材を使った地域のオリジナル食品の開発である。地場に限定することで食材の供給量に限りはあるものの，加工による高付加価値は魅力であり，何より話題性や宣伝効果を期待できる。消費者・生産者に加工業者も加えた地域活性化への取組みといえよう。

　さらに地産地消の推進は，地域の環境保護・景観保全にもつながる。2007年以降，生協ではいわゆる飼料用米を牛や豚，鶏の畜産飼料に利用する取組みに力を入れてきた。飼料用米の利用拡大は，飼料自給率と食料自給率双方の向上に寄与するだけでなく，耕作放棄地の活用を通じ，環境保護や景観保全といった効果を期待できることが知られている。

　例えば，さいたま市に本部を置くコープデリ連合会では，2008年から米の生産者と産直豚肉の生産者，飼料メーカーと共同して「お米育ち豚プロジェクト」に取組んでいる。2009年度に175トンの飼料用米量と9,500頭の生産頭数からスタートしたこのプロジェクトは，試食会や産地交流会などを通して支持を広げ，2017年度にはそれぞれ1,999トン，8万758頭にまで拡大した。取組みに協力する生産産地は，2018年現在で5県27ヶ所の農場にのぼる。プロジェクト開始から10年を経て，豚肉のほか牛肉，鶏肉，鶏卵にも飼料用米の活用が広がっており，生協の社会的取組みを象徴する事例となっている[3]。

3. 産直による双方向の関係性

　産直事業に話を戻すと，生協では「産地交流会」等の名称で，生産者と生協の組合員や職員が直接に交流できる場を設けている点が注目される。前述した「ご近所野菜」の専用コーナーの事例では，畑の様子や生産者の表情を伝える写真等を掲示することで産地と生産者が明確となり，これが一定の安心感につながっている面はある。しかし，同様の取組みは今やスーパーや百貨店といった他業態でも一般化しており，生協ならではのものとは言いがたい。

　そこで，もう一歩踏み込んでの交流会という発想になる。生協では多種多様な形で交流の場を設け，それが相互理解を深める一助となっている。実際のところ，2022年2月，日本生協連では「全国産直研究交流集会2022」を開催した。「今，あらためて考える，持続可能な農畜水産業と地域」をテーマに，産直事業に関わる全国の生協の役職員・組合員・生産者・関係企業など140団体，約400人が参加している[4]。

　ここでのポイントは，生産者と生協組合員との関係性が双方向のものだとい

うことである。通常，店舗や宅配案内の紙面でなされるアピールは，情報の流れという点からは単方向のものでしかない。これに対し，交流の機会を設けることで情報の流れは双方向のものとなる。人間関係を重視する生協ならではの発想といえるが，このような「顔の見える」関係は，生産者が自然災害や凶作などの被害に遭ったとき，組合員におる農作物の買い支えや募金活動などの支援にもつながっているという。

第 3 節　地域社会と流通

1. 流通の役割

　人間が生活に必要なモノのすべてを，自分の力だけで生産したり調達したりすることは困難である。そこでわれわれは，交換を前提とした流通というシステムを考えだした。それは時代が進むにつれ，高度で複雑なものへと姿を変えていく。その結果，互いに知らない者同士の間であっても間接的な交換ができるようになった。このような流通システムは，それに関わる者の役割分担を促し，全体としてより効率的に営まれていくことになる。流通機能の高度化が豊かな社会を成り立たせてきたといわれる理由はここにある。

2. 流通機能への期待

　流通の担う役割は，かつてとは比べ物にならないほど大きく重たいものとなった。前項で紹介したような意味合いで説明できるのは，全体のうちのごく一部でしかない。特に，地域社会で求められる機能については，流通業においても相応の貢献性や公共性を備えていなければならないとされる。このような背景もあり，経済産業省の「地域生活インフラを支える流通のあり方研究会」では，報告書の作成にあたり，日本総合研究所へアンケート調査[5]を委託した。

　集計結果によると「流通業は地域に対して充分に貢献しているか？」という問いに対しては肯定的回答が45％を占め，また，その貢献のあり方として「良いものを安い値段で提供する」という項目を選んだ回答が全体の77％に達している。ここから明らかなように，流通業の果たす地域貢献への満足度は決して低くないものの，その評価の尺度としては，やはり商品の質と価格とを重視する消費者が大多数におよぶという実態である。

　確かに，消費者満足を得るという面においては，良質な商品をより安く供給することは流通としての第一義であろう。しかし，地域貢献や地域の活性化など，流通が地域といかに結びつくべきかを考えたとき，商品性と価格の追及のみでは不十分である。上記アンケートにおいても「高齢者や障害者が買い物をしやすい環境づくり」という項目が59％，「災害時の物品・情報の提供」が54％と，半数を超える肯定回答を得たことは見逃すべきではなかろう。

3. 社会的責任と地域貢献

　いまや地域社会のインフラをサポートすることが流通機能に対する社会的要請の1つであるといえる。安全で安心できる地域社会のため，流通機能はどうあるべきか。犯罪防止や災害への備え，ボランティア活動を通じての福祉など，地域を支えるための活動は多岐にわたる。流通を担うことで地域での存在感を高めてきた事業者が，その種の問題に無関心であって良いはずはない。

　むろん事業会社である以上，採算性を重視するのは当然のことである。営利を追求する過程で，賃金カットやレイオフなど，時に非情な経営判断を余儀なくされることもある。しかし，ここまで見てきた「地域における流通機能」の役割の大きさを勘案すれば，企業の論理や事業上の採算性だけを行動基準に据えるべきでないことは明白である。

　一例として，ある地域から店舗が撤退するケースを考えてみる。恐らくその店舗を運営する事業者には，後継テナントの確保や従業員の再就職先の斡旋などが求められることになろう。出店時の経緯によっては金銭的な保証義務を負うような場合もあるが，その種の法的責任とは別のところで，地域からの要請

に応えていく大義がある。そして，こういった地域貢献のあり方については『大規模小売店舗を設置する者が配慮すべき事項に関する指針』[6]や，これを受けて策定された各業界団体等の地域貢献ガイドライン等でも明確化されている。

　こうした行政や関連団体の働きかけを通じ，流通業と地域との関わり方は，実行主体である事業者だけでなく地域住民の側にも徐々に浸透してきた。企業として法令を遵守し社会的責任を全うするのは当然のことだが，流通業者が地域社会に及ぼす影響の大きさからすれば，もっと大所高所から地域をサポートしていかねばならない。この意味で，今後は住民らの地域ニーズと流通業者の営業ニーズをいかにマッチングさせていくかが大きな課題である。

第4節　協同組合としての生協の課題

1.　契機としての中毒事故と偽装問題

　2008年初に発覚した餃子の中毒事故は，同時期の原料偽装や産地偽装の問題と併せ，生協への信頼を大きく揺るがすこととなった。かねてより生協が食の安心安全を標榜してきただけに，組合員とともに築きあげてきたコープ商品のブランドイメージが著しく損なわれる事態となったのである。日本生協連は，第三者検証委員会による事故の検証と評価を受け，およそ以下のように原因と反省すべき点をまとめている。

　まず，事前に苦情情報を得ていながら，その時点で原因の追究が十分に行われなかったことである。また，事態への認識が甘く，危機対応にも徹底を欠いた。さらに，高濃度の農薬が少数の商品に混入するといった事態を想定していなかったため，それに対処し得るだけの管理体制ではなかった。そして偽装問題については，品質管理体制が原料偽装商品を見抜けるようなものになっていなかった点を挙げている。

　むろん，こういった問題に対する備えが，全くなされていなかったわけでは

ない。食品の流通事業を展開するうえでの，標準的な管理体制にはあったと思われる。事実，緊急時の対応マニュアルは作成されていたし，残留農薬の検査や産地・工場での点検なども実施されていた。問題はそれらが徹底を欠いていた点にあるのではないか。さらに，重大事故が起きているという認識をすぐに持てないうちに，商品の回収決定や告知に時間を要してしまった。また，健康に悪影響を及ぼす等という危機までは想定していなかったため，必要以上に現場で混乱を招いている。

　他ならぬ「食の安全」への責任のあり方は，業態を問うものではない。民間の事業者であろうと協同組合であろうと，責任の重さは等しいはずである。しかし，生協には「安全で信頼できる商品を安心して食べたい」という組合員の切実な願いが根底にある。事業展開が拡大する過程においても「消費者と直接結び付くことで安定した生産と暮らしを実現すること」が必然的に求められてきた。前述の第三者検証委員会の専門的指摘と提言を受け，生協では信頼回復のための措置を早急にスタートさせたが，今なお，改善努力は続けられている。

2. 制度見直し検討

　次に，2006年に公表された『生協制度見直し検討会』報告書を取り上げてみたい。生協の根拠法である消費生活協同組合法は，1948年（昭和23年）に制定されて以来，約60年，実質的には改正されていなかった。このような実態を受け厚生労働省では生協制度を見直すための検討会を設置し，組織や運営に関する制度のあり方を中心としながらも，購買事業における課題や問題点も含め幅広い検討を行った。

　そこでの指摘の多くは2008年に施行された改正生協法に盛り込まれ，一応の前進を見ている。しかし，報告書で示された基本認識には，引き続き課題として取り組むべきものが少なくない。ここでは参考までに，購買事業にかかる店舗展開の箇所を検討する。購買事業においても，現在同様の厳しい事業環境を背景として，制度面・体制面での課題が明示された。

　具体的には，当時，店舗事業の不振を主因に，いわゆる地域生協の相当数が

赤字組合になっていたという実態である。組合員数の少ない小規模組合の方が赤字の割合が高くなる傾向にあり，この面からは事業規模の効率化が喫緊の課題となる。しかし，一方には，組合員数が 1,000 人未満の地域購買生協でも半数は黒字組合となっている事実があった。規模が小さくても健全な事業運営が行われている以上，事は単純ではない。

　また，店舗事業が不振であるといいながら，依然として事業全体に占める店舗事業のウェイトは高い。したがって，「不採算部門を一気に整理する」というような直接的な方法は難しく，いきおい改善のスピードも緩やかなものにせざるを得ない。購買店舗は組合員による福祉活動の拠点として利用されることが多く，この種のシンボル性にも配慮する必要がある。

　地方においては道路整備が進んだことで生活圏は著しく拡大し，今や都道府県域を超えてのチェーンストア展開は当たり前のこととなっている。しかし，この報告書の時点では，地域の生協には都道府県境を越えて設立できないとするいわゆる「県域問題」があった。生活圏が県境を越えて存在しているにもかかわらず，隣県の生協の店舗利用が規制されていたのである。この点は改正生協法で改善が図られたが，拡大の一途にある生活圏において，顕在化する組合員ニーズにいかに応えていくかは，むしろこれからのことと言えよう。

　もう 1 つ，生協には，組合員以外の者が事業を利用できないという「員外利用規制」がある。これも改正生協法において一部は緩和された。災害時の緊急物資提供など，生協としても，組合員だけでなく広く社会に貢献することの求められる時代になった。組合員制度が協同組合の根幹をなすものであることは疑いないが，従来型のメンバーシップに依存するだけでは，社会的要請に対応しきれない場面もあろう。この意味において，この員外利用規制には考えるべき課題は少なくない。

3.　フードチェーン全体の安全性確保

　国内の生協が加盟する日本生協連では，改めて食料・農業問題にかかる政策を整理するため「食料・農業問題検討委員会」を設置し，2009 年から論議を

開始した。そして翌2010年，考えうる課題を網羅的にまとめた提案書を公表している。ここでは「食料・農業問題に対して生協は何ができるのか？」という本源的な問いかけのもと，以後の生協が真摯に取り組むべき課題が列挙されている。いまだ取組みの途上だが，その明確な方向性には今後のわが国の流通機能のあり方を示唆したものもあり興味深い。

　なお，この提案は，①事業組織，②消費者組織，③地域組織という3つの面から計15項目に集約されている（具体項目は以下の通り）。国内各地の生協が歩調を合わせこれらに取り組むことで，現在，わが国の抱えている食料・農業問題に厚みのある対応をしていくと同時に，原料生産から加工，流通，販売，そして消費にいたるフードチェーン全体の安全性確保と，生協が食卓と農業を繋ぐ役割を果たすべきことが明言されている。

　①　事業組織としての役割と課題
　　〔課題1〕産直事業の展開
　　〔課題2〕米事業の展開と米消費の拡大
　　〔課題3〕国産畜産物の展開〜国産飼料を使った畜産物の開発と普及
　　〔課題4〕国産原材料を使った加工食品などの開発・品揃えと普及
　　〔課題5〕農業と食における環境保全，資源循環の推進
　　〔課題6〕フードチェーン全体を通じた食品の安全性の向上
　　〔課題7〕多様な形での農業への関わり
　②　消費者組織としての役割と課題
　　〔課題8〕食料・農業問題に関する学習・体験活動の推進
　　〔課題9〕国産商品・地場商品の利用・普及活動
　　〔課題10〕食生活の改善や食育活動の推進
　　〔課題11〕家庭での食品の無駄・廃棄の削減に向けた取組み
　　〔課題12〕リスクコミュニケーションの取組み
　③　地域組織としての役割と課題
　　〔課題13〕地産地消や6次産業化の取組み，地域経済への貢献
　　〔課題14〕協同組合・生産者団体との連携強化
　　〔課題15〕地方自治体への積極的な関与と地域における共同の取組み

第 5 節　生協ならではの先進的取組み事例

1.　買い物弱者への対応と組合間協同

　本節では視線を再び取組みの現場に戻し，生協の事業展開の具体例を紹介する。ここでも経済産業省の地域生活インフラを支える流通のあり方研究会の報告書に基づき「買い物弱者」をキーワードに設定したい。流通機能や交通の弱体化とともに，食料品など日常の買い物が困難な，いわゆる買い物弱者が見られるようになった。現時点では，買い物弱者が多い地域はまだ一部に留まっているが，日本全体の高齢化・人口減少が急速に進展する中で，こうした地域は今後ますます増えていくことが懸念される。

　事実，全国の高齢者を対象にした調査[7] でも「買い物に行くのが困難」とした回答数は少なくない。買い物弱者の総数を正確に測定することは容易ではないが，ここでの調査から推計すると，全国でおよそ 600 万人が買い物に不便や困難さを感じる状況にある。さらに，これを地域類型ごとに見ると，特に農村部と都市郊外とでこの問題が深刻化している場合が多い。

　一般に，買い物弱者が多く分布している地域は，あまりビジネスには適さないと考えられるものの，裏を返せば，こうした地域には潜在的需要が広がっているともいえる。その需要を掘り起こすことが新たな事業につながる可能性は充分にあり，そこで先進的なモデルを確立することが，今後ますます加速するであろう少子高齢化への確実な対策にもつながると期待される。

　以上から，コープさっぽろでの取組みに見るべき箇所は多い。同コープでは買い物支援活動の一環として，すでに道内各地で移動販売車「おまかせ便」を運行している。支援の方法としては他に買い物代行などもあるが，何より移動販売のメリットは，実際に商品を手に取って選ぶ楽しみと，集まってきた仲間との会話機会を提供できる点にある。

　また，コープさっぽろは，道央部にある東川町においては地元の農業協同組

合である JA ひがしかわと「おまかせ便」を共同運行している。生協と JA は
互いに協同組合として組合員の生活向上のための事業を展開する組織でありな
がら，地域の生協と JA とが協力して買い物弱者を支援する事例はまだ少ない
という（一瀬 [2011]）。ここにもコープさっぽろの先進性を見て取れよう。

2. 生協としての地域福祉への関与

　このコープさっぽろの取組みでもう 1 つ注目されるのが，地域福祉に関する
ものである。2009 年，同コープでは過疎化の進む赤平市に「あかびら店」を
出店したが，それは中心市街地にある廃校となった旧赤平小学校の跡地を利用
したものであった。その先進性と独自性において当初から全国的に注目を集め
ているが，この出店はビジネスモデルの面からも，過疎地域を対象としたニッ
チ戦略としてインパクトのあるものという（森 [2011]）。

　あかびら店は，組合員なら無料で利用できる市内巡回バスを運行し，高齢者
が通院したついでに買い物ができる利便性を提供している。さらに，巡回バス
の待ち時間を考慮し，店内にはテレビや飲み物を備えた広い待合スペースが設
けられた。なお，この待合スペースはバスを利用する高齢者だけでなく地域の
中学生も頻繁に活用しているという。

　コープさっぽろでは，街の中心部に大型店舗を出す場合，高齢化の進む地域
で特に求められている福祉サービスの提供を積極的に提案することで，結果的
に自らの顧客確保と収益向上に成功している。通常であれば，競合を理由に地
元商店組合などから反発を受けることもあるが，出店と福祉をセットにするこ
とで，自治体や商工会議所，さらには住民からの期待と協力を得，むしろ地域
活性化につながる事業として評価されている。

　過疎化が相当程度まで進展した農村部の場合，近隣型の商店が成り立つ商圏
人口を確保できなくなっているようなケースが目立つ。こういった地域は高齢
者が多数を占めているため食料の消費量も少ない。加えて，車を運転できる若
者は遠方のスーパーマーケットまで買い出しに出かけており，なおさら商店を
支えるだけの需要の確保が難しくなっている。このような現状について前出の

森は，民間企業が自治体の肩代わりをするという従来の受動的アプローチではなく，社会的企業論の視点にたって公共サービスの提供を考えるという能動的アプローチが有意義であると指摘する。

3.　DX-CO・OP プロジェクトの始動

日本生協連は，2020 年 6 月に採択した『2030 年ビジョン』で，テーマの 1 つに，ICT による事業・活動でのデジタル変革の推進を掲げた。これを受け生協の横断的な取組みとして DX － CO・OP プロジェクトを進めている。ここでは，まず連合会の段階で先行して実験に取り組み，成果が確認できたものから順に地域の生協へ導入を図っていくという流れとなる。本プロジェクトは，単なるシステム開発にとどまらず，デジタルを活用した組合員の新しい暮らしを実現するものである。同時に生協職員の働き方改革にもつながる。

ここでのコンセプトは 3 つあり，デジタル中心の生活者に向けた新しい暮らしの実現を目指す「家族との豊かな関係構築を支援するパートナー」，店舗を拠点に，趣味や関心でつながる地域の活発なコミュニケーションを後押しするための「流動的な地域共同体のプロデューサー」，そして配達コースの最適化と組合員へのサービス品質向上を図る「安心して生協のサービスを利用いただくためのサポーター」である。これまで生協の事業運営についてはデジタル活用が遅れているとの声もあったが，今後はデジタル・トランスフォーメーションへの本格対応が注目される。

第 6 節　おわりに
―新たな流通形態の模索―

流通機能とは，端的にいえば安価で良質の商品を，生産者から消費者へ効率的に供給する「橋渡し」である。そして，これまでの流通事業者は，市場メカニズムを通じ，消費者の手元に必要な物品を供給することで社会的にも貢献し

てきた。しかしながら，少子高齢化や地方の過疎化が進むなか，買い物弱者の問題に代表されるように，従来型の流通システムではとても対応できない事態が出現している。いまや従来の価値観や常識にとらわれない新たな橋渡しのシステムが期待されているのである。

　その意味で，本章で紹介した生協の取組みには参考にすべき点が多く含まれているのではなかろうか。また，その先進性や独自性も評価に値するものといえる。今後の流通業においては，これまで以上に消費者に接近し，消費者の潜在需要を積極的に掘り起こしていくことが基本になる。その際は宅配サービスや移動販売，店への移動手段の提供，便利な店舗立地などが課題となるに違いない。そして，これらについてはすでに生協ならではのアプローチが開始されている事例もあり，今後とも生協の事業展開に注目する必要がある。

＜注＞

1) 経済産業省［2010］『地域生活インフラを支える流通のあり方研究会報告書〜地域社会とともに生きる流通〜』（平成22年5月），p.15。
2) 日本生活協同組合連合会／全国産直研究会［2022］『生協産直・産地交流ガイドライン』。
3) 日本生活協同組合連合会［2018］『生協の社会的取り組み報告書　2018』。
4) 日本生活協同組合連合会［2022］「日本生協連からのお知らせ／ニュースリリース／お知らせ／全国産直研究交流集会2022を開催しました」〈https://jccu.coop/info/announcement/2022/20220303_01.html〉（データ取得日：2023年1月3日）。
5) 日本総合研究所によるWEBアンケート。調査数：1,000人，実施期間：2010年1月30日〜2月3日，調査方法：インターネット方式。
6) 平成19年2月1日経済産業省告示第16号。
7) 内閣府「高齢者の住宅と生活環境に関する意識調査」（平成17年度）。

＜参考文献＞

一瀬裕一郎［2011］「協同組合間提携による買い物難民支援 – JAひがしかわ（北海道上川郡東川町）」『調査と情報』農中総研，18-19頁。
森　傑［2011］「コープさっぽろの過疎地域ニッチ戦略にみる知己福祉の再構築」『医療福祉建築』No.170，10-11頁。

（村上　真理）

第11章

地域・街づくりと流通
―地域・街づくりにおける流通の役割，商業集積，立地―

═══ 本章のねらい ═══

① 街を活性化することを目的とした重要な流通政策である「まちづくり三法」を理解する。

② 地方都市や中山間部は都市化，少子高齢化などの影響で衰退している。生産と消費を橋渡しする流通はコンパクトシティや生活のインフラとして重要な役割が期待されていることを学習する。

③ 地域住民が商店街に対してどのようなサービスやコミュニティ機能を期待しているかを理解する。

④ ショッピングセンターが，今後の高齢化，人口減少社会の中で，どのような新たな商品の提供方法が求められているかを理解する。

⑤ 店舗の売上高が立地条件である人口，交通手段，商業中心性の構成要素によってどのような影響を受けるかを学習する。

第1節　はじめに

　地域や街づくりと流通との関係について今日的な課題に基づき考察するのが本章のテーマである。流通は生産と消費の橋渡しの機能をもつ。したがって，小売業などの流通業が立地するところに商品や人が集まることになる。そして自然発生的に街が生まれる。また，人工的に街がつくられる。したがって，流

通と街づくりとは一体の現象である。例えば，古くは荷物が集まり市場ができるところには商店が軒を連ねた。また，神社・仏閣などの人が集まるところには自然と門前市が形成された。東京，名古屋，大阪への都市化が進んだ結果，地方都市や中山間部の疲弊が大きな問題となっている。新たな話題やブランドづくりの方法として地域資源を活用した新たな流通を創造する動きもみられ少しずつ成功事例が現われている。大型店舗と中小小売業の調整の役割を担った大規模小売店舗法（以下，大店法）は街づくりの方向性を示すために法改正された。このように流通と地域や街づくりは継続的に関心を集めている。そこで本章では，第2節で地域の街づくりと流通の役割の変遷について考察する。特に，大型店舗と中小小売業の対立を調整するための街づくりから生活のインフラとして期待される現状の役割を概観する。そして，生活弱者への支援を行う流通の現状や地域活性化の政策として地域ブランドへの取組みについて新たな流通の視点で考察する。第3節では流通と商業集積について地方都市の中心市街地にある商店街の活動などで検討する。そしてコンパクトシティなどの新たな取組みを提示する。第4節は流通と立地の基本概念について概観する。そして最後に新たな流通の役割について述べる。

第2節　地域の街づくりと流通の役割

1．これまでの流通政策と街づくり

　街の中心的な役割は，生活する人たちに便利で豊かな商品を提供することである。そのためには小売業の存在が不可欠である。しかし，これまでに国は多様な法律を制定して小売業の自由な競争を規制してきた。わが国は1950年代の後半までは百貨店が全盛の時代であった。この頃の政策は弱者としての中小小売業を保護することに目的があり，そのために百貨店の営業活動を制約することであった。すなわち，中小小売業を代表する主に商店街に立地する商業者

対大型店舗である百貨店の対立構図として捉えられた。1956 年に制定された百貨店法（第二次）はその色彩が強く，百貨店の新設・増設の許可，営業時間や休業日数の制限，営業方法の規制などで小売活動を制約した。

　その後，高度成長時代を迎えバブル崩壊の 1980 年代後半までは日本型総合スーパー（以下，総合スーパー）の時代が続く。総合スーパーは豊富な品揃え，駐車場の設置，セルフサービスそして低価格などを武器に消費者を味方につけて急成長した。また，モータリゼーションの発展により郊外化が進展して大型駐車場を併設するショッピングセンターなどのロードサイド店が台頭した。そこで，1973 年に制定され翌年から施行されたのが大店法である。それまでは，百貨店法の対象が百貨店のみであり，スーパーは規制の対象から除外されていた。大店法は店舗面積が 1,500 平方メートル以上の店舗を規制対象として，売場面積，開店日，閉店時刻，休業日数を調整することによって，中小小売業の事業機会を確保しようとした。

　1990 年代に入り小売市場が成熟化すると同時に業態間競争が激化した。さらに国際化の進展により外資が進出しやすいように規制緩和が求められるようになった。大店法を廃止に追い込んだのは米国の外圧であった。国は 1998 年に大型店を規制する考え方から転換した。新たに制定された大規模小売店舗立地法（以下，大店立地法）は大型店と地域社会との融和の促進を図ることを目的として店舗面積などは規制の対象外になった。そして，大店立地法により大店法は廃止された。結果的に 20 世紀を通して実施した保護政策にも関わらず，中小小売業の衰退には歯止めがかからなかった。衰退の原因には，消費者のライフスタイルの多様化やモータリゼーションへの対応の遅れや，後継者難などが挙げられる。しかし，大店法による規制の対象外の小売業として発展した小型店舗が今日隆盛しているコンビニ，ドラッグストアそして食品スーパーなどである。したがって，真の衰退原因は中小小売業の環境適応力の不足などであったと考えられる。

2. これからの流通とまちづくり三法

　大店法の廃止と同時に中心市街地の空洞化を食い止めるため新たに，中心市街地の活性化に関する法律（以下，中心市街地活性化法）が制定され，都市計画の面からも規制を強化しようと都市計画法が一部改正された。これら3つの立法は相互に関連しているので大店立地法，中心市街地活性化法と改正都市計画法の3法がまとめて「まちづくり三法」と呼ばれた（図表11-1）。

　大店立地法は大型店の新規出店について，生活環境面（交通，騒音，廃棄物，その他）のみからチェックするために制定された。中心市街地活性化法は中心市街地の空洞化を食い止め活性化活動を支援するために制定された。中心市街地活性化法は，空洞化・劣化が進む中心市街地に対して市町村が関係者との協議のうえ「基本計画」をつくり国に認定を求める仕組みである。認定された活性化策の実施主体としてタウンマネジメント機関（TMO）という新しい機構が導入された。改正都市計画法は，ゾーニング（土地の利用規制）を促進するためその種類・目的に応じて，特別用途地区を市町村が柔軟に設定できることを制定した。例えば，大型店舗が出店できない地域を色分けで示すことも可能となった。

図表11-1　まちづくり三法

法　　律	施　　行	内　　容
大規模小売店舗立地法	2000 年	店舗面積 1,000㎡ を超える大型店出店に伴う交通渋滞・騒音・廃棄物処理等を規制する。
中心市街地活性化法	1998 年	中心市街地整備と活性化を目的とする。
改正都市計画法	1998 年	地域ごとに大型店の適正な立地を実現する。

出所：筆者作成。

　これまで国は大型店を規制の対象として位置づけてきたが，少子高齢化，人口減少が進展するわが国では，流通業に期待されることが多い。国は地域づくりに貢献し，グローバル競争に挑戦できる環境を整備するため，新たな流通政策を構築する必要がある。新たな流通業の役割は，将来を見通して生産者と消費者の橋渡しをすることである。具体的には，商品，サービス，情報，企画などを通して消費者のライフスタイルや生産者をリードすることである。そして，生産者と消費者の情報の結節点としての役割を果たすことである。このように国や地域の中で，街づくりに対する流通の役割や期待が大きく変化してきた（図表 11-2）。

図表 11-2　出店規制と緩和の歴史

		法律・行政指導・時代背景
百貨店規制	1920 年代	中小小売業と百貨店の対立問題
	1937 年	第一次百貨店法制定
	1947 年	同法廃止
	1950 年代	百貨店反対運動
	1956 年	第二次百貨店法制定
出店規制	1974 年	大規模小売店舗法施行（1973 年に制定）
	1982 年	通産省通達による出店自粛指導
	1987 年	大店法営業時間等の規制緩和へ
	1989 年	90 年代の流通ビジョン
規制緩和から街づくりへ	1990 年	大店法運用適正化，実質規制緩和へ
	1991 年	大店法再改正，規制緩和へ
	1998 年	大規模小売店舗立地法（大店立地法）公布 大店法廃止 中心市街地活性化法，改正都市計画法施行
	2000 年	大店立地法施行

出所：筆者作成。

3. フードデザートに対する流通の取組み

　都市部では「スーパーが身の回りから消え始めている。ニュータウンで，商店街で，街の顔だった大型店が突如閉鎖し，日常の食料さえ近所で揃わない「買い物砂漠」が全国でじわじわと広がる。これに山間部の過疎地を加えれば「買い物難民」問題の対象と重なる。こうした地域を欧米で「フードデザート（食の砂漠）」と呼ぶ」と新聞報道されている（『日経 MJ』2010 年 6 月 11 日 4 面）。

　一方で，都市化の進展や少子高齢化などの影響を受ける地方都市や中山間部では過疎化が顕著であり社会問題化している。また，そこで生活する高齢者などにとっては日常生活を過ごすためにも深刻な問題を提供する。近年，過疎地域においては近隣都市への大型店舗の出店や，人口減少などにより利用者が減少し食料品をはじめとする生活必需品を扱う地元商店が閉店に追い込まれている。このような状況から過疎地域では，今後，買い物ができない高齢者などが急速に増加することが予想される。そこで，過疎地域において買い物などの生活支援，昔ながらの「御用聞き」と「電話注文」あるいは「出張販売」などを行う流通業者が増加している。

　特に，「御用聞き」は直接訪問するので，独居老人などの安全安心の確認もできる。買い物難民に対する生活支援のサービス内容によっては，新たな産業と雇用が創出される可能性がある。買い物難民の生活の不便さが解消されれば，いつまでも安心して生活できることにつながり，少子高齢化問題の大きな対策となりそうである。

4. 地域ブランドや産直セール

　中小企業を支援し地域経済の活性化を図るために中小企業による地域産業資源を活用した事業活動の促進に関する法律（中小企業地域活用促進法）が 2007 年に施行された。この法律は地域経済が自立的，持続的な成長を実現していくために各地域の強みである産地技術や地域の農村水産品，観光資源などを活用して新製品開発を行うことを支援することが目的である。

　石井［2008］は，その土地の特産物と食文化を生かしてその土地の経済・文化の活性化を目指す試みは，最近では，地域ブランドづくりという形をとって各地で活発に行われている。もとは，大分県から始まった一村一品運動になると述べている。地域資源の代表的な成功事例としては，高知県の馬路村の柚子や宇都宮の餃子のケースなどがある。

　最近は，農家が市場流通を経由せずに直売所を設置するケースが増加している。例えば，農家が産直市や近くの地方都市のスーパーマーケットに自家農園専用の販売コーナーを設置している。自家農園専用の販売コーナーでは，商品や生産方法などの情報を提供している。そして，料理方法をはじめ栽培の途中経過や生産者の顔写真など特徴のある販売促進を積極的に実施している。消費者には，文字情報よりも視覚に訴えた方が効果的であり栽培中の生産物の写真展示などは人気が高いそうだ。また，生産者は小売業を通して直接的に顧客のニーズを把握することが可能となり，新しい生産物への取組みのヒントも獲得できる。

　このように，生産者が野菜などを直売所や道の駅などに持ち込んで委託販売する事例や新たな流通へ積極的に取り組む事例が増加している。直売所の成功事例としては，大分県大山町が実施している「梅栗植えてハワイに行こう」（大分大山町農業協同組合）や佐賀県三瀬町（やさい直売所マッちゃん）などがある。

5.　セブン＆アイグループの取組み

　セブン＆アイグループは買物が不便な顧客を支援するために店舗網や物流・情報システムなどを活用した新たな買物支援サービスの創出に取り組んでいる。セブン＆アイグループは店頭での販売だけでなく，インターネットや電話での注文を受けた商品を指定の場所へ届けるサービスを提供している。セブン－イレブン・ジャパンは「7NOW」（セブン－イレブン　ネットコンビニ）を提供している。イトーヨーカドーは「ネットスーパー」を105店舗で展開している（2022年2月末現在）。さらに，多様化する顧客の受け取りニーズへの対応と配達の効率化の両立を目指して「非接触お届け」サービスや「置き配受け取り」サービ

スも拡充している。2020年3月からは国内初となる「冷蔵・冷凍・常温」の温度帯に対応した「7&iロッカー受け取り」サービスを開始した。2022年2月現在，東京都内のセブン－イレブンやイトーヨーカドーなど計10ヶ所に設置している。

　セブン＆アイグループでは移動式の販売サービスを展開している。セブン－イレブン・ジャパンは，2022年2月末現在，移動販売サービス「セブンあんしんお届け便」を1道2府37県で109台運用している。イトーヨーカドーは2020年4月から株式会社とくし丸と連携して移動販売車「イトーヨーカドーとくし丸」1号車の運行を南大沢店で開始した。2022年2月末現在，45市区町村で75台が運行している。「セブン－イレブン受取りサービス」はネットで注文した商品などを希望するセブン－イレブン店舗で受け取ることができるサービスである。

第3節　流通と商業集積

1.　商店街に期待される役割

　2008年版中小企業白書（以下，白書）は，商店街機能としてのコミュニティビジネスとNPOと地域住民の間で行われる取組みの事例を考察している。NPOスタッフの43.4％が同一市町村内に居住しているので，地域の生活者の代表としてのNPOと商店街が一緒に事業を推進することになる。

　白書によると，商店街に対して現在取り組んでいる活動を聞くと「アーケードや街路灯の維持管理（79％）」「イベント（74％）」「街路の装飾など（65％）」と，上位3位までをハードの整備や一過性の催しが占めている。これに対して，地域住民が中小小売業などに求めるサービスは「商品の宅配」が49歳以下で30％，50歳以上で33％，「一時託児所など子育て支援サービス」は49歳以下の9％，「1人暮らしの高齢者の見回りサービス」は50歳以上の16％以上が希望していることが示されている（図表11-3）。

図表 11-3　地域住民が中小小売業などに求めるサービス

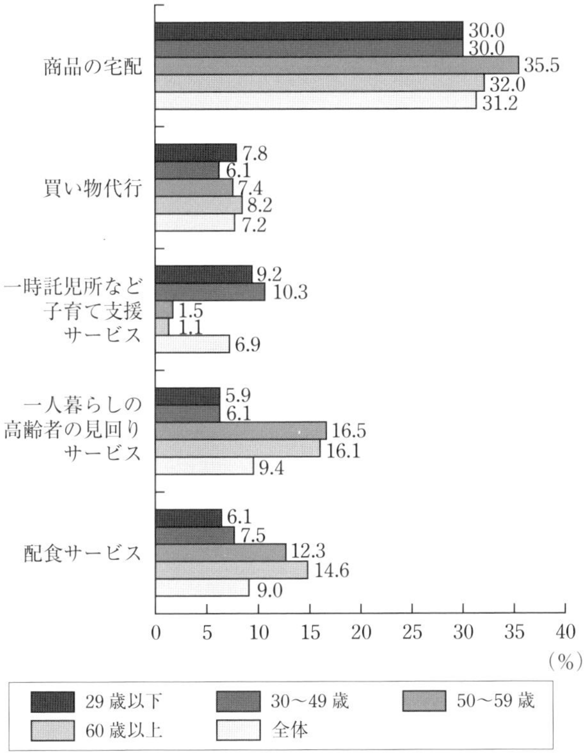
商品の宅配
30.0
30.0
35.5
32.0
31.2
買い物代行
7.8
6.1
7.4
8.2
7.2
一時託児所など
子育て支援
サービス
9.2
10.3
1.5
1.1
6.9
一人暮らしの
高齢者の見回り
サービス
5.9
6.1
16.5
16.1
9.4
配食サービス
6.1
7.5
12.3
14.6
9.0
0
5
10
15
20
25
30
35
40
(%)
29歳以下
30〜49歳
50〜59歳
60歳以上
全体

資料：(株) 三菱総合研究所「消費者実態アンケート調査」(2006年12月)。
出所：『中小企業白書 (2008年)』より。

白書が提示するように地域住民は，商店街に対して派手な事業ではなく生活弱者へのきめ細かい手助けやコミュニティ機能を期待している。白書はこのように商店街の考えと地位住民の要望はすれ違っていることを明らかにした。そして，商店街が多様な機能を自前で対応していくのではなく地域の他の主体を巻き込んで活動を行っていく発想が有効であると提示している。白書では消費者が商店街に求める機能としては，理容・美容，クリーニング，趣味・教養などのサービス業と飲食が多く，物販では惣菜・パン，生鮮が多いことが示されている（図表 11-4)。

154

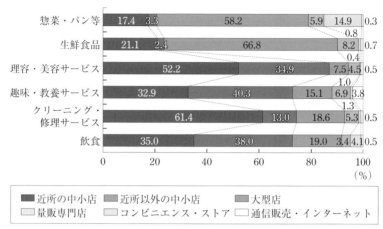

図表 11-4　消費者が商店街に求める機能

資料：(株) 三菱総合研究所「消費者実態アンケート調査」(2006 年 12 月)。
出所：『中小企業白書 (2008 年)』より。

　このような商店街に対する期待の中で，現在，中心市街地活性化の成功事例
として脚光を浴びているのが香川県高松市に立地する高松丸亀町商店街であ
る。同商店街は香川県の県庁所在地である人口約 42 万人の高松市の中心市街
地に立地している。商店街は約 470m にわたり約 150 の商店が軒を連ねて営業
している。約 20 年前まで 1 日当たり 4 万人弱であった通行量が 10 年前にはそ
の 4 分の 1 の 1 万人弱まで低下している。危機感を募らせた商店街は活性化事
業を活用して商店街を 1 つのショッピングセンターに見立てた事業を推進し
た。

　具体的には地域にやさしい医療サービスを含むテナントミックスを促進し
た。その結果，現在では通行量が 3 万人近くまで回復してきた。そして，地域
住民は生活に便利なこともあり郊外から中心市街地に移動し始めた。国は，こ
のような成功事例をもとに，急速に人口減少と高齢化が進展する地方において
行政と商店街が手を組んで既存インフラを中心に人を集めるコンパクトシティ
概念を提示している。

2．ショッピングセンター

　ショッピングセンター（以下，SC）は，複数の小売店，サービス業，そして飲食店などが入居する人工的に計画された商業施設である。一般的にはショッピングモールとも呼ばれ，大型百貨店やアウトレットモールなどを含む呼称である。商業者が単独で出店する場合と比べて顧客吸引力が強く，そして駐車場やバックルーム施設などが共用できるメリットがある。また，ディベロッパー（開発業者）が建物を所有する形態であると小売業者の初期投資が軽減できると同時に，出店立地やハードなどよりも自社の営業に専念できる。

　一般社団法人日本ショッピングセンター協会はSCとは「1つの単位として計画，開発，所有，管理運営される商業・サービス施設の集合体で，駐車場を備えるものをいう。その立地，規模，構成に応じて，選択の多様性，利便性，快適性，娯楽性等を提供するなど，生活者ニーズに応えるコミュニティ施設として都市機能の一翼を担うものである」と定義している。そして，SCは「ディベロッパーにより計画，開発されるものであり，次の条件を備えることを必要とする。小売業の店舗面積は，1,500 m^2 以上であること，キーテナントを除くテナントが10店舗以上含まれていること，キーテナントがある場合，その面積がショッピングセンター面積の80％程度を超えないこと，但し，その他テナントのうち小売業の店舗面積が1,500 m^2 以上である場合には，この限りではない。テナント会（商店会）等があり，広告宣伝，共同催事等の共同活動を行っていること」である。

　SCは店舗面積などの規模によって「リージョナル型ショッピングセンター」，「コミュニティ型ショッピングセンター」，「ネイバーフッド型ショッピングセンター」の3種類に分類される。また，建物の形状からエンクローズドモール形式とオープンモール形式に分類される。前者は施設自体が大きな1つの建物となっており，店舗間を移動する通路が同一建物内にあるタイプである。後者は店舗がそれぞれ独立して建てられていて店舗を結ぶ通路が屋外にあるタイプである。このタイプではそれぞれの店舗の入口の前に駐車場が広がっており，駐車場から目的の店が近いため歩行距離が短くて済むメリットがある。

　SC が中心市街地から郊外へ進出するようになると，商店街の来客数が減少しシャッター通り商店街になっている地方都市が多い。マイカーを所有していない，または運転できない地域住民が食料品・日用品などの生活必需品の買い物にすら困るという事態が社会問題化している。そして，これらの中心市街地の衰退の中で存在意義を確立して地域住民への期待と役割を増しているのがコンビニである。

　今後，急速に進展する人口減少と高齢化社会の中で郊外に立地する大型 SC は，利益が出るだけの集客ができなくなるであろう。郊外にある広大な建物と駐車場をどのように活性化するのかその方向性を確立することが喫緊の課題である。

3. コンパクトシティへ向けた取組み

　国土交通省は 2014 年 3 月に 2050 年の未来に向けた「国土のグランドデザイン」を描いた。この中で示された街づくりの方向性がコンパクトシティの形成である。そして，国土交通省はモータリゼーションで郊外化が進んだ時代を「オールドニュータウン」問題として提示している。これからは，街づくりと持続可能な地域公共交通ネットワークが一体化して推進される。コンパクトシティ計画は女性や高齢者が活躍できる社会インフラの構築，女性と高齢者の社会参画を容易にする街づくりを地域が主体的に実施することを目指している。

　具体的には，市役所などを中心とする中核的な機能を再整備しながら老朽化した団地や住宅を中心市街地へと段階的に集約する。すなわち，住宅，職場，店舗，病院などの生活に必要なインフラ機能を街の中心部に集めることで，マイカーに頼らず公共交通機関や徒歩で暮らせる街にする。

　このような街づくりが国によって積極的に推進されると郊外化が進展した流通の立地が大きく変化することが予想される。流通は生活のインフラである住宅，職場，店舗，病院などに対して生活に必要な商品，サービス，情報などを提供するための活動だからである。これからも，流通はダイナミックに地域のニーズに適応するために新たなサービスを開発するであろう。

4. スマートシティ

　国は Society5.0 の取組みとしてスマートシティに力を入れている。スマートシティはデジタル化をもとにした AI，IoT などの技術を街づくりに活かす取組みである。特に，東京への一極集中を背景とした地域間格差の拡大は，地方においては極めて深刻な課題である。コロナ禍で市民の生活スタイルやビジネススタイルが大きく変わり，オンライン化を前提に一部には地方移住の動きも出ている。デジタル技術を街づくりに取り入れることで市民生活の質，都市活動の効率性などの向上を目指している。

第4節　流通と立地

　立地とは産業を営むのに適した土地を選び決めること，そこに商店や工場などをつくることである。立地の主な構成要素は人口，交通手段，商業中心性である。小売業の売上高は立地条件の構成要素によって影響を受ける。古くはライリーとコンパスの2人の学者が，そして後にはハフ等が唱えた中心地の理論によればその街の吸引力は人口と売場面積合計に左右される。交通手段は住民が来るための道路や電車，バスなどの状況である。交通手段が便利であるほど吸引力が高くなる。したがって，商業中心性は人口とその街の店の売場面積に左右される。流通業のそれぞれの企業のあるべき商圏人口とは個別の戦略や業態によって大きく違ってくる。

　商圏とは小売店舗や外食店舗などの買物施設に顧客が来店する可能性のある「地域的な広がり」のことである。商圏の規模は，人口が10万人以上の大商圏，5万人から7万人の中商圏，3万人以下の小商圏，1万人前後の極小商圏などに分類される（会田

図表 11-5　商圏の大きさ

商圏規模	商圏人口
大	10万人以上
中	5～7万人
小	3万人以下
極小	1万人前後

出所：会田［1994］42頁。

［1994］）。

　商圏は距離圏で検討されるが，川や道路の大きさなどの地理的条件や競合店舗の魅力の違いなどの状況などによってその範囲は決まる。一般的に商圏は以下のように分類される。

▶第1次商圏〜顧客が毎日来店する可能性のある範囲である。通常は徒歩で10〜15分程度までの距離である。コンビニ，食品スーパー，商店街の業種店の多くはこの範囲の商圏を対象にしている。

▶第2次商圏〜週に1から2回程度で来店する可能性のある範囲である。自転車や自動車で10〜15分程度以内の距離である。多くの業態がここまでを主力商圏とする。郊外型のドラッグストアや近隣型のSCなどの商圏である。

▶第3次商圏〜月に1から2回程度で来店する可能性のある範囲である。電車や自動車などの交通手段で30〜40分圏までが該当する。大都市や地方都市の中心市街地や大型SCの商圏である。

　小売業が立地を選定する場合の重要な判断基準は商圏に基づく売上高予測である。立地によって商圏の範囲が変化するので，人口の分布や道路や川などの環境，時間帯別の交通量の予測などで細分化して推測する。そして最終的には，企業は交通手段，競合店の状況，商圏規模，道路状況，人口，駐車場の台数，商圏の生活者のライフスタイルなどの多様な要因から総合的に判断する。

　これまでの立地や商圏の視点はリアルの流通を対象とした考察であった。これからのネット販売や実店舗と無店舗販売の組み合わせのような業態の場合は，時空間に制約されない。したがって，立地とは違う別の視点での検討が必要となる。

　まちづくり三法が整備された以降も，中心商店街の空洞化は収まっていない。特に，まちづくり三法の施行後は店舗開発に多くの資金と時間がかかることになった。大型店舗の出店には，資金力，開発力，運営ノウハウなどが必要となり大手商業ディベロッパーが活躍することになった。

　今後は，進展する少子高齢化問題や生活弱者への対応の課題もあり，交通の

便利な中心市街地へ向けた新たな開発が求められている。これからの街づくり
には，流通・商業の民間の視点だけではなく公共交通や行政サービス，住居，
病院，福祉などの生活機能などと一体的な開発が求められている。また，別の
角度から景観への配慮で建物の配置や色・デザイン・広告などにも規制がかけ
られる場合がある。さらに，自治体ごとに独自に制定した環境評価の条例など
があることから街づくり政策は複雑になっている。したがって，これらの機能
を調整するためにはこれまで以上に出店に資金と時間がかかるようになる。

　このような環境変化の中で，大手スーパーは都心部へ小型店舗を積極的に展
開する計画が報道されている（『日本経済新聞』2014 年 4 月 22 日）。この動きは，
かつて大店法の規制下で総合スーパーがコンビニ事業へと進出した光景と重な
る。

第 5 節　おわりに

　わが国は本格的な少子高齢化時代を迎え，さらに都市圏への人口集中が生じ
ている。その結果，地方都市では過疎化が進み中心市街地，商店街の衰退が加
速している。住民の世帯の人員構成は単身，特に独居高齢者が増加する。した
がって，地方都市は独居高齢者の日常の生活基盤を整備することが求められる
ことから，中心市街地の再整備が喫緊の課題となっている。

　いつの時代も流通は生活者に対して必要な商品を届ける重要な役割を担って
いる。これからの流通は製造業が生産した商品を顧客に届ける役割に加えて生
活者が必要なサービスを開発して顧客に提供する機能が重要となる。また，流
通は地域における雇用の受け皿としての役割を担う。雇用先があればそこに人
が集まり，新たな地域が形成される。

　本章で考察したように，流通は郊外に出店した大型 SC の再活用やすでに形
成されている中心市街地のインフラの再整備などこれからも地域との街づくり
の視点から重要な役割を担い続けることになる。

＜参考文献＞
会田玲二［1994］『出店・立地調査の実際』中央経済社。
石井淳蔵［2008］「洋の中の和：奥信濃のワイナリー・サンクゼール」『躍進』Vol.491,
　　July, 12-13 頁。
石原武政・矢作敏行編［2005］『日本の流通 100 年』有斐閣。
加藤義忠監修［2009］『現代流通事典（第 2 版）』白桃書房。
株式会社セブン＆アイ・ホールディングスホームページ〈https://www.7andi.com/
　　sustainability/theme/theme1/shopping-support.html〉。2022 年 12 月 28 日アクセス。

（藤岡　芳郎）

第 12 章

国際化と流通

第 1 節　国際化の進展と流通

1.　国際化とグローバル化

　20世紀後半の世界経済は，経済活動を隔てる国境の壁が低くなり，世界経
済は一体化しつつある。そのため，経済の国際化・グローバル化が急速に進展
しており，ヒト，モノ，カネ，情報などの国際的な取引，移動がさらに活発に

なっている。このような背景のもとに，企業は，自国の市場だけにとどまり経営活動を行うことはもはや困難である。

　一般に，国際化（internationalization）とは，複数の国家が相互に結びつきを強め，相互に共同して行動し，互いに経済的，文化的に影響を与え合う事象全般を指す。グローバル化（globalization）とは，資本や労働力の国境を越えた移動が活発化するとともに，貿易を通じた商品・サービスの取引や，海外への投資が増大することによって世界における経済的な結びつきが深まることを意味する。国際化とグローバル化は異なり，国際化の意味は，経済活動に国境が存在するという前提であるのに対し，グローバル化は経済活動に実質的な国境がなくなることである。このように，国際化とグローバル化の概念は厳密には異なるが，この章では国際化の概念を広義に捉え，グローバル化と読み替えても大きな問題は生じないため，一貫して国際化という用語を用いる。

2.　流通の活動領域の拡大と深化

　経済の国際化の進展により，流通業における国際化も急速に進んでいる。流通活動の国際化は，売買の対象である商品レベル，売買にかかわる機能を担当する流通機関レベル，売買の場所である市場レベル，の3つの側面から捉えることができる（岩永・佐々木編［2008］72頁）。まず，商品レベルの国際化は，売買対象となる商品レベルに焦点が当てられている。それは，商流の国際化，物流の国際化，情報の国際化，資金流の国際化である。次に，流通機関レベルの国際化は，主に国内の流通機関が海外市場に関与することを指す。すなわち，流通機関レベルの国際化は，主に流通の仕組みを成立させる生産者，卸売業者，小売業者をはじめ，輸送業者，倉庫，金融・保険などが海外市場に関与することである。そして，市場レベルの国際化は，主に国内市場に海外から取引当事者である流通機関やその対象である財が流入することを指す（青木［2009］3頁）。すなわち，市場レベルの国際化は，卸売市場の国際化と小売市場の国際化になる。本章は，この市場レベルの国際化について詳しく解説していく。

　そして，流通の国際化の発展段階では，商品レベル，流通機関レベル，市場

レベルに関する競争はさらに激しさを増している。商品レベルでは，まず海外商品の流入・流出に始まり，その後流通機関が積極的に海外市場に関与し，海外から流通機関による商品販売や店舗展開が行われ，国内の流通機関との競争が激しくなってくる。一方の流通機関レベルでは，生産者，卸売業者，小売業者などが海外市場との関わりが多くなり，その 3 者間の競争および海外市場での同業者間との競争も激化する。他方，市場レベルでは，外資流通企業が国内市場に参入し，新しい業態を登場させたり，独自の取引慣行を展開させたりすることにより，国内の流通システムおよび物流・商慣習に間接的な影響を与え，国内の競争を促進させ，競争構造へ影響を与えるようになる。

第 2 節　流通市場レベルの国際化

1.　卸売市場の国際化

(1)　卸売市場の国際化

　経済の国際化により多くの製造業は，海外に工場を建設し，生産拠点の確立と共に販売拠点も確立し，グローバル企業へと発展していく。製造業の海外進出の加速により，販売子会社やこれらの企業と取引を進める卸売業や商社も取引先企業が海外に出て行けば，必然的に海外に出て行かざるを得なくなり，卸売市場の国際化が加速されていく。

　卸売市場の国際化は，海外から国内市場に，生産者，卸売業者，小売業者および財が流入することである。海外生産者および卸売業者の流入は，海外生産者が国内の卸売市場に参入し，卸売業者や小売業者などに対して財を販売することである。卸売市場の国際化において最も注目を集めるのが，海外卸売業者の流入である。そして，海外小売業者の流入は，海外小売業者が国内の卸売市場に参入し，そこから財を調達することである。既存の国内小売業者とは違った経営方法を採用し，国内既存の商慣行とは違った商慣行を持ち込むような海

外小売業者が流入した場合,国内の商慣行や流通構造が変化する可能性がある。

(2) 総合商社の国際化

　卸売業者の代表的な形態といえば,総合商社である。この総合商社は,日本特有の形態であり,「ラーメンからミサイルまで」といわれるように,多岐にわたり,多種多様なビジネスを展開している。明治維新以来,総合商社の主な業務は,貿易関連業務で,原材料や燃料,食料などを海外から仕入れ,加工品を輸出することであった。そして,日本の高度経済成長期にはさまざまな資源を日本に調達し,それらを加工した工業製品を世界各国へ販売して外貨を稼ぐという,国益上非常に重要な役割を担っていた。

　一般に総合商社の貿易関連ビジネスは,取扱高は大きいものの,利益率は相対的に低いのが特徴であった。そして,90年代初頭のバブル崩壊とその後の長期不況により総合商社の業績が低迷し,さらにインターネットの発達と相まって「中抜き不要論」,「商社斜陽論」などが叫ばれ始めた。そこで,総合商社は,ビジネスモデルの立て直しを行い,中間流通の担い手という立場から,一気に上流から下流までの商流を一貫してマネジメントする存在に進化できた。広範な分野での商流を押さえ,上流から下流までのバリューチェーンを構築することで,より新しくより高い価値を創造する。今は,大手商社は一次産業,二次産業,三次産業のあらゆる分野に進出し,川上から川中,川下までに参入し,その国際化の歩調を加速させている。

2. 小売市場の国際化

(1) 小売市場の国際化

　小売市場の国際化は,国内市場に海外から,取引の当事者(小売業者,消費者),取引対象物である財が流入することである。海外小売業者の流入は,海外小売業者が国内の小売市場に参入し,消費者に対して財を販売することである。そして,海外消費者の流入は海外の消費者が国内の小売市場で購買することである。これには,消費者が海外の商品を通信販売で購買することも含まれ

る。また，海外財の流入は，海外で生産された財が国内の小売市場に持ち込まれることである（青木［2009］8-9 頁）。海外小売業者は，国内の小売市場に大量に参入すれば，国内の流通構造や流通システムに影響を与え，小売業の水平的・垂直的な競争を促進し，取引慣行やビジネスモデルの変貌を促す。また，海外消費者の流入が増えれば，消費者のライフスタイルや購買行動の多様化を引き起こし，流通構造の変化につながる可能性がある。

(2)　小売企業の国際化

　一般的には，小売企業の国際化とは，小売企業の事業活動が国境を越えて展開されることである。小売国際化は，規制的，社会的，文化的，小売構造的な境界を越えることにより，小売企業を国際的な環境に存立させると同時に，国際的統合レベルの小売組織化を到達させる小売経営技術を移転し国際的取引関係を確立する（Alexander［1997］pp.133-134）。小売市場の国際化と小売企業の国際化は，どちらか一方だけが現象化するではなく，相互に影響を与え合うことである。小売市場の国際化は小売企業の国際化を加速させ，小売企業の国際化の進展により小売市場全体の国際化が深められることになる。

　小売市場の国際化において最も注目を集めるのが，小売企業の海外進出である。なぜなら，海外小売企業が国内に参入すればすれほど，流通構造に大きな影響を与えるからである。そこで，小売企業の国際化の推移を詳しく見てみる。小売業の国際化の本格的な研究はホランダー（Hollander［1970］）からであるといわれ，その後関連の研究が蓄積されてきた。小売業国際化の研究は，誰が，いつ，どこに，どのように，なぜ，国境を越えて自らの事業活動を行うのかという事実を把握することに，研究の中心的な命題が置かれてきた。また，小売業国際化研究上の重要な課題の 1 つは，標準化か適応化かである。すなわち，海外進出の際に本国で展開しているビジネスモデルをそのまま海外で展開するか，あるいは現地の消費者ニーズに合わせる適応化戦略を実施するかである。

　小売企業の国際化は製造企業よりかなり遅れている。大手小売企業は，1970年代欧米に，80 年代には中南米，90 年代からはアジアや新興国へ国際事業を展開してきた。世界の小売業売上高ランキング上位 250 社のうち国際事業を展

開している企業は，その70％近くにも及んでいる。そのうち，海外での成長
率を母国市場より遥かに上回るケースが多く，海外市場への依存度が高い。図
表12-1が示しているように，2020年世界小売業の上位250社の総小売売上高
は，5兆1,000億米ドル（前年度は4兆8,500億米ドル）であり，平均小売売

図表 12-1　世界の主要小売企業売上高ランキング（2020年度）

上位250社における順位	順位の変動	企業名	本拠地	小売売上高（100万米ドル）	小売売上高成長率	純利益率[1]	総資産利益率	2015～2020年度の小売売上高のCARG[2]	事業展開国数	小売売上高に占める国外事業の割合
1	—	Walmart Inc	米国	559,151	6.7%	2.5%	5.4%	3.0%	26	21.9%
2	—	Amazon.com, Inc.	米国	213,573	34.8%	5.5%	6.6%	21.9%	21	31.7%
3	—	Costco Wholesale Corporation	米国	166,761	9.2%	2.4%	7.3%	7.5%	12	26.8%
4	—	Schwarz Group	ドイツ	144,254	10.0%	n/a	n/a	7.8%	33	72.0%
5	△ 2	The Home Depot, Inc.	米国	132,110	19.9%	9.7%	18.2%	8.3%	3	7.5%
6	▼ − 1	The Kroger Co.	米国	131,620	8.3%	2.0%	5.3%	3.7%	1	0.0%
7	▼ − 1	Walgreens Boots Alliance, Inc.	米国	117,705	1.5%	0.3%	0.5%	5.6%	9	8.5%
8	—	Aldi Einkauf GmbH & Co. oHG and Aldi International Services GmbH & Co. oHG	ドイツ	117,047[e]	8.1%	n/a	n/a	5.8%	19	73.3%
9	△ 4	JD.com, Inc.	中国	94,423	27.6%	6.6%	11.7%	31.2%	1	0.0%
10	△ 1	Target Corporation	米国	92,400	19.8%	4.7%	8.5%	4.6%	1	0.0%

1　連結収益合計および純利益に基づく純利益率。これらがグループの売上高の50％未満の場合，小売以外の事業の
　業績を含む場合がある。e＝見通し，n/a＝入手不可
2　年平均成長率
　　出所：Deloitte Global. Global Powers of Retailing 2022を基に作成。
　　2020年7月1日から2021年6月30日までの12カ月間に期末を迎える事業年度（2020年度）について各社の
　　アニュアルレポート，Supermarket News，Forbes Americaの大手非上場企業および他の資料をもとに分析。

上高は 204 億米ドル（前年度は 194 億米ドル）であった。そして，2015 年度から 2020 年度における小売売上高の年平均成長率は，4.7％となった。また，上位 10 社の海外進出国の平均は，12.6 カ国で，上位 250 社の平均は 10.8 カ国であった。さらに，上位 10 社のうち，積極的に海外進出しているのは，欧米企業であり，日本の小売企業は，主にアジアを中心に海外進出していることがわかった。

第 3 節　日本小売企業の海外進出

1. 海外進出の推移

　日本における小売企業の海外進出の起源は，第 2 次世界大戦以前にさかのぼることができる。戦後の小売企業の国際化の発端は，1958 年の髙島屋によるアメリカのニューヨークへの出店から始まる。その後，国内の流通規制，円高などの要因により促進され，そして出店の地域も欧米からアジアへとシフトしてきた。そのため，アジアの大都市の目抜き通りには必ずといってよいほど，日系百貨店が大きな店舗を構えている。日本における小売企業の国際化は，進出先での適応化戦略の実施により，現地で受け入れられ定着している成功事例が多く出ている反面，現地で縮小，撤退を余儀さくされる失敗事例も多く存在した。

　そして，日本小売企業による海外出店の歴史は，大きく 3 つの時期に分類することができる（岩下 [1998] 81-87 頁）。まず，1950 年代から 70 年代の国際化の萌芽期である。この時期には，海外の進出先は，欧米先進諸国が中心であり，その主な目的は，小売経営ノウハウの吸収，商品情報の収集，また欧米諸国での日本人観光客あるいは現地駐在の日本人や日系人への商品提供であった。次に，80 年代の国際化の躍進期である。この時期は，国際化の萌芽期の「お土産屋」から脱皮し，出店先も欧米から東南アジアへシフトし，しかも同一の国や地域への複数出店が定着した。特に，85 年のプラザ合意による急激な円高を受けて，海外進出は急速に展開され，その多くが東南アジアへの出店となり，

しかも大型店の出店が多くなった。また，90年代から現在までは国際化の調整期である。国際化の調整期での大量集中出店を受けて，海外での競争が激しくなり，勝ち組と負け組に分かれ，事業を撤退し，進出断念や出店地域の変更など海外進出戦略の変更を余儀なくされる企業が多く現れた。さらに，1992年中国における流通開放政策の実施により，巨大市場の将来を見据えて，多くの小売企業が続々と中国へと進出し，進出先の中国へのシフトが顕著である。

2. コンビニ企業の海外進出

　日本小売企業における海外進出は，百貨店，スーパーマーケット（以下，スーパー），コンビニエンス・ストア（以下，コンビニ）がメインの業態であった。そのうち，コンビニが特に優位性をもっている。そもそもコンビニの発祥はアメリカで，1970年代頃日本に登場し，その後日本で大きく発展し，主要な小売業態として成長した。コンビニ企業の海外進出について見ると，まず，ファミリーマートは，1988年に台湾企業とエリアフランチャイズ契約を締結し，現地での店舗展開を開始し，セブン－イレブン・ジャパンも，89年にサウスランド社のハワイ事業部を買収した。また，90年にはミニストップとファミリーマートが，韓国企業に技術システムを供与した。さらに，91年にはセブン－イレブン・ジャパンが，コンビニの生み親であり消費者ニーズの対応や多角化事業の失敗などの要因で経営危機に陥ったサウスランド社を買収し，日本で構築された独自の経営ノウハウを導入し，その経営再建に成功した。

　国内のコンビニ市場の飽和状態や競争の激化を受けて，大手企業は，その活路を海外進出に見出している。2000年代に入ると，図表12-2のように，大手各社による東南アジアへの進出が一層加速しており，大手3社共に海外での店舗数が急速に増加している。特に，セブン－イレブン・ジャパンが最も積極的で，2021年12月末時点で18ヵ国に進出しており，海外での店舗数は57,214店と日本国内の店舗数21,327店の2.6倍にも達した。

　アメリカ発祥のコンビニであったが，ファーストフード中心の商品戦略，単品管理，情報システム，協力的配送システムの導入，多種多様なサービスの提

図表 12-2　主要コンビニ各社の店舗数

社　　名	店　舗　数	海外進出国
セブン－イレブン・ジャパン	78,541 店（うち海外は 57,214 店）	18
ファミリーマート	24,559 店（うち海外は 8,015 店）	7
ローソン	19,518 店（うち海外は 4,862 店）	5

注：セブン－イレブン・ジャパンは，日本国内 2022 年 2 月末時点，日本以外 2021 年 12
　　月末時点，ファミリーマートは 2022 年 11 月 30 日現在，ローソンは 2022 年 2 月末時
　　点の店舗数。
出所：各社のホームページより作成した。

供など，日本で構築された独自のコンビニ・モデルがこの業態をさらに発展さ
せた。こうして，米国で生まれ，日本で高度化された「ジャパン・コンビニ」は，
多くの国々に登場し，特にアジア各国の小売業における成長業態の代名詞とな
り，その存在感を日々増している。

3.　海外進出の要因

　日本小売企業による海外進出の要因はさまざまであるが，主に円高の要因，
国内での要因，現地での要因という 3 つの側面（岩下 [1998] 82-85 頁）から分
析することができる。まず，円高要因である。1985 年のプラザ合意により，
円は 2 年足らずのうちに 1 ドル 240 円から 120 円の水準へと急激に上昇した。
この円高は，海外への資本流出を容易にし，出店コストを低下させた。それ以
後の継続的な円高を直接の契機として，小売業による国際事業の展開は，商品
調達，海外出店の 2 つの側面において急速に進められた。
　次に，国内の要因である。第 1 次オイルショックを契機とした高度経済成長か
ら低成長への転換は，小売業に合理化政策と大量生産，大量販売を方針とした
経営戦略を採用させた。そして，79 年の大店法（大規模小売店舗における小売業
の事業活動の調整に関する法律）改正施行に伴う規制強化，82 年以後の行政指導
による新規出店規制の強化，すなわち窓口規制は，小売企業による国内の新たな
出店や増床を困難にした。バブル経済の進展を受けて，国内における地価の高
騰や人件費の上昇もあり，国内市場での資本蓄積の伸び悩みを感じた小売業に

とって，海外出店が欠かせない資本蓄積手段の１つとなっていったのである。また，90年代初頭のバブル経済の崩壊によって，小売企業は資本投下の限界を感じ始めた。さらに，90年代半ば頃，政府は，従来の流通規制のあり方から国内の流通規制緩和の流れへと変わり，小売企業は国内市場での対応を求められた。

　最後に，現地での要因である。1980年代半ばからの急激な円高により，日本の製造業の海外進出が加速され，海外駐在員およびその家族による市場が形成され，また円高による海外旅行ブームで，海外を訪ねる日本人観光客が増加すると共に現地での購買金額が増大した。そして，90年代これまで厳しく規制されてきた商業外資の直接投資が進出各国で緩和され，さらにアジアの経済成長が，アジアの人々の所得を向上させ中間層を生み出した（川端「2000」42頁）。

第４節　外資小売企業の日本進出

1.　進出の推移

　日本の小売業の海外進出と比べると外資小売企業の日本への進出の歴史は比較的に短い。外資小売企業の日本への進出の推移には，大きく３つの参入ブームがあった（向山・崔[2009]158-160頁）。第１次参入ブームは，1970年代から80年代である。外資小売業は，長年にわたって日本の厳しい流通規制，独特な商慣行，複雑な流通システムに阻まれてなかなか日本への本格的な参入を果たせなかった。日本の小売市場の資本自由化は，69年の単独専門小売店の50％自由化に始まり，段階的に規制緩和を行い，75年に100％自由化が実施された。資本自由化に伴い，多くの外資小売企業が日本市場に参入した。しかし，大店法を始めとする出店規制の存在，不動産価格や人件費の高さなどの経営環境に影響され，出店方式は主にリスクの少ない業務提携方式が多く採用され，ブランド品の専門店が多かった。

　しかし，この時期に参入した外資小売企業の多くは，日本から撤退した。そ

の撤退の背景には，日本の消費者に適合した商品を提供できなかったこと，提携先企業との戦略の違い，立地や品揃えに関する双方の意見の相違や，提携先外資のリストラクチャリングに伴う提携解消などがあった。そして，業務提携で得た経営ノウハウを基に日本型システムを確立したコンビニ，ブランド力をベースに比較的標準化された経営手法で直営店あるいはフランチャイズを展開した衣料品専門店や高級ブランド専門店などが日本で定着した。

　そして，第2次参入ブームは1990年代であった。89年の日米構造協議で日本の流通制度や取引慣行の不透明性，それに大店法による出店規制が日本市場への非関税障壁になっていることが指摘され，大店法が緩和され，大型店の出店が比較的に容易になった。また，日本的な取引慣行の改善，バブル崩壊による不動産価格の下落などが，外資小売企業が参入しやすい状況を生み出した。また，1人あたりの所得が高く，市場が成熟しているといったことが外資参入の誘因となった。91年にアメリカの玩具専門店のトイザらスが日本企業との合併によって市場参入し，その後，多くの小売企業が子会社の設立や合弁を参入形態として店舗展開へと発展した。

　また，2000年代から現在までは第3次参入ブームである。74年から長年実施されてきた大店法が2000年に廃止され，それに代わり大型店舗への規制を大幅緩和した大店立地法が実施された。規制の緩和や地価の低下により，大型店への参入障壁がさらに低くなった。この時期には，グローバル・リテイラーによる大型店への参入が特徴的である。例えば，98年にコストコ（米），00年にカルフール（仏），02年にメトロ（独），02年イケア（スウェーデン）が日本に続々と進出した。また，02年に小売業最大手のウォルマート（米）が西友に資本参加し，03年にテスコ（英）がシートゥーネットワークを買収した。しかし，それらの企業の多くは，日本市場で苦戦を強いられている。まず，カルフールは05年，テスコは11年日本から撤退し，ウォルマートは子会社化した西友の業績を回復させるには至らず，18年に撤退した。そして，メトロも東京近郊に10店舗を展開していたが，21年11月日本から撤退した。22年末現在，日本国内で順調に事業を展開しているのは，コストコ（31店舗）とイケア（12店舗）のわずか2社にとどまっている。

2. カルフールの日本進出

　カルフールは，1959 年に創業されたフランスを代表とする小売企業であり，主にハイパーマーケット，スーパーマーケット，ハードディスカウント・ストアなどの業態を展開し，食品，衣料品，生活雑貨などを総合的に取り扱う世界的な小売企業である。同社は，早い段階から海外進出を積極的に行ってきた。しかし，カルフールにおける海外進出は，進出先での適応化戦略の実施により，現地で受け入れられ定着している成功事例がみられる反面，現地で縮小，撤退を余儀なくされる失敗事例も多く存在している。

　カルフールは，2000 年に日本 1 号店となるカルフール幕張を開店し，その後，南町田，光明池，狭山，箕面，尼崎，東大阪，明石の 8 店舗を出店した。同社は，ハイパーマーケットをメイン業態とし，徹底的な低価格を武器に出店攻勢をかけるのが特徴である。日本進出に際しては，低価格戦略を実施し，卸を通さない直接取引での価格破壊を目指した。1 号店の開店直後には多くの買物客でにぎわったが，その後の実績は進出当初の目標を大きく下回った。それは，アジアの国々で成功している標準化戦略に固執し，直接取引にこだわることでメーカーと卸売業者との関係構築がうまくいかず，フランスの特色を出せず，日本人の購買慣習の分析が不十分だったといったことで，最大の売りである低価格戦略の実現ができなかった。さらに，中国市場の重視や本国フランスでの業績不振も重なり，不振が続く日本事業の経営権を 2005 年イオンに譲渡し，日本から撤退した。

3. 日本進出の要因

　それでは，欧米の小売業は，地理的にも文化的にも大いに異なる日本を含むアジア市場になぜ進出してきたのか。アレクサンダー[1] は，小売企業の海外進出の要因について，プッシュ要因とプル要因の 2 つの側面から分析を試みた。その分析手法は，外資小売企業の日本進出の要因に関する分析からも適用できると考えられる。まず，プッシュ要因（自国の要因）から見てみる。欧米の先

進国の経済環境としては，人口の伸び率が鈍化しながら，長期的に低い経済成長が続いた。この経済成長の鈍化や停滞によって，競争の環境がますます激化している。多くの小売企業は勝ち残るために，新たな発展空間を求める。しかし，自国の小売市場がすでに成熟化し，一層の経営合理化策の実施や新業態の開発による持続的な成長の余地は以前ほど大きくはない。そこで，持続的成長の鍵を握るのは，地理的拡大戦略となる。競争力のある小売業態をローカルからナショナルへ，そしてインターナショナルへと素早く展開し，固有の競争優位性を競争相手より早く獲得することが重要となった。

　一方，プル要因（進出国の要因）についてである。世界第 3 位の経済大国を擁する日本では，消費者が成熟しており，しかも購買力が強く，購買行動には欧米との共通点が多い。また，かつての参入障壁となっている流通規制が 1990 年代半ば頃から大幅に緩和され，しかも，不況により地価が下落し，株価の低迷も続き，新規参入や企業買収を考えるうえでは好条件となっている。こうしたプッシュ要因とプル要因により，外資小売企業が 90 年代末から日本に本格的に進出してきた。

第 5 節　流通国際化の消費者への影響

　流通国際化は流通の末端である消費者にさまざまな影響を与えている。その 1 つは，輸入商品の増加である。1990 年代から円高や規制緩和により，輸入総代理店や輸入業者等による従来の輸入チャネルに加え，並行輸入，個人輸入，開発輸入といった新しい輸入チャネルが出現してきている。これらの新たな輸入チャネルの出現は，従来の輸入チャネルに刺激を与え，国内での価格競争を促し，内外価格差を縮小させると共に消費者の商品選択の幅を拡大する効果をもっている。また，輸入商品の増加は，消費者に対し，諸外国からの多様な商品・サービスを提供すると共に，市場への安価な製品の流入と市場競争の活発化を通じて，物価の安定，低下に寄与してきた。しかし，輸入商品の増加に伴

い，輸入商品に関する品質，安全，アフターサービスや保証などの問題が生じており，消費者トラブルも多く発生している。

　2つ目は流通業の効率化の促進により，消費者の選択肢が格段に増えることである。流通の国際化の進展により，日本の流通システムは大きく変貌し，既存の小売店に加えて，量販店，専門店，コンビニ，ディスカウント・ストアや通信販売などの多様な業態の展開と企業間オンライン・ネットワークの構築などの情報システム化が急速に進展している。迅速性，利便性，価格に重点を置いた小売業態が多く登場し，消費者の選択肢を広めている。また，外資小売企業の進出により小売業者間の業態間，異業態間における水平的・垂直的な競争がさらに促進され，小売サービスの向上や低価格の商品の供給を増やす結果にもつながっている。

＜注＞

1)　アレクサンダーは，小売企業の海外進出の要因について，プッシュ要因（国内要因）とプル要因（国外要因）の2つに分類し，さらに政治的要因，経済的要因，社会的要因，文化的要因，小売構造要因をあげて説明した（Alexander［1997］pp.123-140）。

＜参考文献＞

青木　均［2009］「流通国際化の概念：分析次元の設定」『流通研究』愛知学院大学流通科学研究所，第15号。

岩下　弘編著［1998］『流通の国際化と海外の小売企業』白桃書房。

岩永忠康・佐々木保幸編［2008］『流通と消費者』慶応大学出版会。

川端基夫［2000］『小売業の海外進出と戦略』新評論。

Deloitte Touche Tohmatsu Limited［2022］Global Powers of Retailing 2022（デロイト　トーマツ　コンサルティング合同会社訳「世界の小売業ランキング 2022 ―苦境で発揮されるレジリエンス―」https://www2.deloitte.com/content/dam/Deloitte/jp/Documents/consumer-business/dis/jp-dis-gpr-2022-jp.pdf〈2023年2月2日アクセス〉）。

向山雅夫・崔相鐵［2009］『小売企業の国際展開』中央経済社。

矢作敏行［2001］『アジア発グローバル小売競争』日本経済新聞社。

Alexander, N.［1997］*International Retailing*, Blackwell, Publishers.

Hollander, S.［1970］*Multinational Retailing*, Michigan State University, East Lansing.

（柯　麗華）

第 13 章

情報化の進展と流通

═══ **本章のねらい** ═══
① 情報環境の変化によって流通の情報化がどのように変容してきたのかを時系列で理解し，確認する。
② POS システムの導入によって，企業間のコンピュータ・ネットワークが形成されたことを確認する。
③ EDI が登場して以降，流通情報ネットワークはよりオープンになり，SCM に至る製販連携など新しい企業間関係が模索されるようになったことについて知識を深める。
④ インターネットおよび情報化の進展における流通情報化の流れを受けて，今後の取引や競争関係を根本的に変える可能性について，考えをめぐらせる。
⑤ 急速な情報化の進展に伴い，今後，企業が課題として抱える社会的問題について考えをめぐらせる。

第 1 節 はじめに

今，私たちを取り巻く情報環境は，情報処理やネットワークを活用した高度な ICT（Information and Communication Technology：情報通信技術）[1] の進展・普及によって急激に変化してきた。さらに，デジタル技術の進展により，1 人ひとりの状況に応じたきめ細かいサービスが低コストで提供できるようになり，多様な国民・ユーザーが価値ある体験をすることが可能となってきた。そ

れに伴い，利用する人々も高齢者から子供たちにまで拡がり，誰もが情報化の恩恵を安心して受けられ，デジタルの活用により，1人ひとりのニーズに合ったサービスを選ぶことが可能となり，誰一人取り残されないデジタル社会の実現が急務となっている。

　このような状況の中，企業も生き残りをかけて，情報技術を利用し，経営革新や経営改善などさまざまな取組みを行っている。企業環境の流動化と情報技術の進歩は，社会のさまざまな面に影響を及ぼしている。その中でも，企業内および企業間情報ネットワークの形成と発展は，新しいビジネスチャンスをもたらし，企業組織や企業間の関係の変化，産業構造の変革要因となりうるものである。

　特に，わが国の流通機構においては，情報化が急激な進展をみせてきた。企業レベルでは競争優位性の実現，新しい流通システムの構築という点で情報ネットワーク化の持つ意義は極めて大きい。そこで本章においては，流通機構の情報化の大きな流れを，ネットワーク化を軸とする技術的，システム論的な視座を交えて捉え，情報化の進展が現代の流通機構に与えているインパクトについてわかりやすく探っていくことにする。

第2節　流通機構のネットワーク化

1．流通機構の役割と情報化

　流通の意義は，「財（サービスも含む）の生産段階と消費段階との間におけるさまざまな懸隔（けんかく）（例えば空間的・時間的懸隔）に架橋（かきょう）する役割を果たし，それによって生産から消費にいたる経済活動を円滑・効率的に推進する」（鈴木 [1993] 89頁）という点にある。その本質は，需給調整である。

　その役割を担うものが流通機構であり，流通機構の活動を構成する要素は流通機能として捉えることができる。つまり，流通機構とは，田島 [1976] によれば「商品を社会的に流通させるために，水平的並びに垂直的な分業関係によっ

て，必要な機能を遂行している流通機関をメンバーとする社会的構造体」(46 頁)であり，その機能には所有権移転（金融を含む），危険負担，輸送，保管，情報伝達などの機能があげられる。これらは，需給調整を行うための手段として位置づけられる。

　ただし，これらの機能は流通企業に独自のものというわけではなく，他の経済主体，例えば製造業や運輸業などがその機能を分担している場合もあり，流通業に特有の機能というわけではない。これらの機能は社会的に必要なものではあるが，その中心的主体は状況によって変化する。より適合性の高い主体がこれらの流通機能を担っていくと考えられる。近年，特に重要性が認識されているのは需給関係を有機的に結びつける役割を流通企業が果たしている点である。多様な生産主体と消費主体とを結び付ける"ネットワーク"としての性格を備えており，情報技術の発展はそれらの間に存在する懸隔を縮小する特性を持っているからである。この点からみても，情報ネットワーク化が流通主体間の関係や流通効率に与える影響は大きいものがある。

2.　情報システム化の流れ

　戦後のわが国流通形態の革新は，1953 年にスーパーマーケットがセルフサービス販売方式を導入したことにさかのぼる。60 年代に入って，コンピュータが商用化され，一般の企業に導入された。60 年代中期になると，多くの企業にコンピュータが普及し，先進企業では，生産管理や販売・在庫管理などで社内的なオンラインシステムも構築されるようになった。70 年代に入ると，オフィスコンピュータも出現し中小企業でもコンピュータが導入されるようになった。また，モータリゼーションへの対応としての駐車場併設型店舗立地と店舗の大型化が始まる。「70 年代末にセブン－イレブンは本部のコンピュータから全ての取引先にオンラインで発注する，いわゆる取引先オンライン発注システムを構築している。これが 80 年代に入ってのチェーンストアと卸売りの間の企業間オンライン受発注システムのきっかけとなっている。百貨店では，膨大な数の顧客データベースの構築，仕入商品の入出庫・買掛管理などのシス

テム化が進められた」（佐藤［2007］305頁）。このような流通機構における情報
化の進展が進む中で，情報ネットワーク型流通システムが登場する。さらに，
それ以降の低成長と規制緩和の流れが加わって80年代後半，とりわけ90年代
から，販売業の業態革新が顕著になってきた。さらに，95年以降，インターネッ
トの急激な普及に伴い情報技術を活用した電子商取引が展開されてきた。

　セルフサービスやチェーンストア・システムの展開など，総じて流通機構が
システム化されていく基礎として，店舗展開，設備，職務と作業における標準
化も追求されてきた。70年代以降，情報技術革新には，販売技術・物流技術
の革新と標準化が進む。そのうえで90年代になると，ネットワーク技術の発
達により広い範囲で企業間を統合するシステム化が進行した。POS（Point of
Sales：販売時点情報管理）システムやVAN（Value Added Network：付加価値通
信網）はその代表例である。95年以降は，インターネットの急激な普及を受け，
Eビジネス，電子商取引が始まり，サプライチェーン・マネジメント［SCM（Supply
Chain Management：供給連鎖管理）］など流通機構における情報システム化の
一層の高度化がはじまる。

　そこで，70年代以降，わが国の流通技術革新を考えるうえでポイントとな
る流通機構のネットワーク化，システム化のポイントをJANコード，POS，
SCMと展開された順に取り上げ，流通機構における情報化の展開とその影響
を詳しく探ってみることにする。

第3節　流通機構における情報化の展開

1．POSシステム

（1）　JANコードの確立

商品を自動認識するバーコードは，いまやあらゆる商品に付されているが，

1970 年初頭の導入時から，そのソース・マーキングは遅々として進まなかった。ソース・マーキングとは，生産者が商品のパッケージなどにバーコードを印刷することを指す。それが進まなかった理由は，第 1 に，そもそも共通の商品コードが確立していなかったためであり，第 2 に，当時ソース・マーキングを促進する誘因やきっかけがなかったためである。

　通商産業省（現経済産業省）の指導の下，商品コードの統一を検討したのが外郭団体の財団法人流通システム開発センターであった。78 年，長年にわたる検討の末，先行する国際標準の EAN コード（77 年に設立された国際 EAN 協会が制定：European Article Number Code）と共通様式の採用が決定され，JAN コード（Japanese Article Number）が JIS（日本工業規格：鉱工業品の種類，形状，品質等について定められる日本の国家規格）として採用された。われわれにとっておなじみとなったバーコード様式の JAN シンボルが制定されることになった。JAN コードとは，取引最小単位であるアイテム（絶対単品）レベルで設定される商品の識別コードであり，標準タイプの 13 桁（図表 13-1）のものと短縮タイプの 8 桁のものがある。

図表 13-1　JAN シンボル 13 桁

〈標準タイプ〉

4 912345 678997
① ② ③ ④

1. 国コード（2 桁）：日本の場合は 49（固定）
2. 商品メーカー・コード（5 桁）：流通コードセンターが付番管理している企業コード
3. 商品アイテムコード（5 桁）：上記（2）をもっている企業
4. チェック・デジット（1 桁）

出所：財団法人流通システム開発センター，筆者一部加筆。

（2）　POS システムの普及

　いまや多くの小売店頭レジでおなじみの POS システムとは，小売店での商品の売り上げに関する情報を販売時点で総合的に管理・把握するシステムであり，本部（もしくはセンター）と各店舗に設置された端末とを回線を通じて結び，単品ごとに情報を収集・登録・蓄積し，これを分析することによって売上

管理，在庫管理，商品仕入管理，さらには顧客情報の収集や従業員別の管理などを実行する。商品コードが統一された後，最初に本格的な POS システムの導入に踏み切ったのが，CVS（コンビニエンス・ストア）のセブン－イレブン・ジャパンである。1982 年に POS システムの全店導入を発表したことをきっかけに，上述のソース・マーキングが急速に普及し，わが国の小売業は POS 化への道をまっしぐらに進むことになる。わが国の流通業界における POS システムの普及の歴史は，イトーヨーカ堂，セブン－イレブングループ（現セブン＆アイ・ホールディングス）の業務改善運動の歴史でもある。アメリカの POS システムがハードメリット，すなわちレジ精算の時間短縮などの合理化効果によって普及したのに比べて対照的な過程をたどったといえよう。

（3） POS 導入から始まった流通情報化の進展

　流通情報化の進展は，POS システムの導入から一気に加速した。POS システムはチェーンストアを中心に広く普及し，小売業の経営を大きく変えた。POS システムの導入によって，企業が消費者データを収集する機会が増加した。例えば，顧客カードを発行し顧客別の購買実績を POS データで収集する小売業があらわれ，そのデータを異業種企業間で相互に活用するケースが出てきている。こうした動きの背景には，市場動向の変化や情報技術革新，企業間競争の激化などがあげられる。それぞれに詳しくみてみると，まず第 1 に，製造業，金融機関などを含むあらゆる企業で，いわゆる『市場直結型』のマーケティングの必要性が唱えられ，最終消費段階における情報の把握ということが重要な課題とされつつある。第 2 には，企業間を相互に結びつける情報ネットワークが急速に形成され，そのネットワークの構築もしだいに比較的低コストで可能になりつつあり，流通業種間での再編が急務とされていることである。従来，個々に発展してきた製造，取引，金融，物流，情報などの諸機能が，情報ネットワークによって再統合され始めている。そして第 3 には，市場直結型の情報管理体制を強固にするための新たな企業成長戦略が求められ，異分野との業務提携，交流，ネットワーク形成によって，より強い競争力を獲得しうることである。企業経営にとって，情報の収集と情報の創造，それらを基礎にし

た環境変化への敏速な対応は，経営戦略上不可欠な要因である。POS や顧客データベースなどから得られる情報を活かし，さらに新たな情報を創出するための手段を確保して，それを駆使しうる条件が整ったといえよう。

　例えば，主にアメリカのアパレル業界において使用された POS システムからの販売情報を迅速に生産に反映させる QR（Quick Response）や加工食品業界においてメーカー，卸業者，小売業者が連携し，消費者の低価格志向に対応し流通の効率化を進める ECR（Efficient Consumer Response：効率的な消費者への対応）がこれにあたる。どちらも，在庫レベルを最適化しながら，実需に即応できる生産・販売システムを構築しようとする管理手法である。そしてわが国でもこのような管理手法が導入され，日本型流通システムと融合し，SCM として，より総合的な戦略へと統合されていくこととなる。

2．SCM（サプライチェーン・マネジメント）

　1980 年代，米国の小売業ウォルマート社は化粧品，日用品の大手メーカーである P&G 社と組んで，品揃えや棚割り，商品補充の業務のやり方を，情報システムを活用し，両社のそれまでの業務ノウハウを出し合って根本的な改善を行った。それは，流通業務の大幅なコストダウンを図り，価格に反映させて大幅な売上増と利益増に成功した。いわゆる SCM（サプライチェーン・マネジメント）の実践である。それは両社の戦略的な同盟により，両社の駆け引きを除いて，コストダウン・売り上げの増大になる業務のやり方の開発であった。

　ウォルマートにとっては，より多くの商品メーカーと，また，各商品メーカーはより多くの小売業と SCM を導入し，それぞれの企業の全社的に，ひいては業界全体での業務効率化を図りながら，消費者に良いものを安く提供していこうという考え方に立ち，業界全体に呼びかけがなされた。90 年にアメリカの食品・スーパーマーケットの業界団体である FMI（全米食品マーケティング協会）を事務局として，業界の主だった小売業や商品メーカーが加わって ECR 推進協議会が設立された。そこでは，主だった商品管理や物流業務の SCM 業務の標準化であり，そこで使われる情報システムの基盤の標準化がテー

マであった。これらの組織の中でECRスコアカードやASN（Advanced Shopping Notice：事前出荷通知）システム，クロスドッキングその他のEDIやバーコード，コンピュータなどを活用した企業間取引の新たな業務処理モデルが開発された。以降，SCMは経営合理化の手法として注目をあびることになる。SCMは，取引先との間の受発注，資材の調達から在庫管理，製品の配送まで，いわば事業活動の川上から川下までをコンピュータを使って総合的に管理することで余分な在庫などを削減し，コストを引き下げる効果があるとされる（図表13-2）。

図表13-2　SCMの流れ

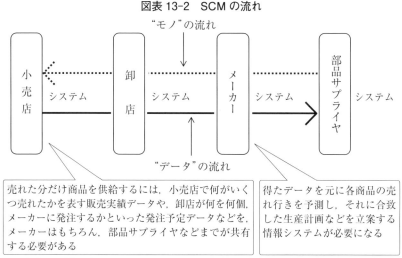

出所：公益社団法人日本ロジスティックスシステム協会，筆者一部加筆。

　従来において，流通に関与する企業は，個々の企業が「いかにリスクを負わないか」を考え，不都合なところは取引先に押しつけリスク負担を肩代わりさせてきた。個々の企業が利益を追求すると，全体としての効率化は進展せず，むしろ相互の不信感が発生することになり，結果として非効率化が進みやすい。この悪循環から脱却するために登場したのが，情報技術を駆使して商品供給全体をマネジメントする概念であるSCMである。SCM成功の鍵は，上述したウォルマートのケースでも明らかなように，メーカー，卸売業者，小売業など多くの企業を，物流プロセス合理化の対象範囲とすることである。たとえ店頭での

販売予測が正確になされても，商品供給（調達）に付帯する情報および取引を
管理し，在庫と物流コストを最小に維持しながら，顧客などに最大限のサービ
スを提供する仕組みである。SCM の成功には，情報，生産，物流，市場に関
する情報共有が不可欠であり，商品と情報を一体化しながらリアルタイムで更
新されるような在庫管理，配送管理が必要になる。

　しかしながら，企業の SCM を取り巻く環境は，インターネットおよび情報化
の進展によって，より複雑化している。SCM の途絶につながるようなリスク要
因が増大していることに加え，SCM 構造の脆弱性も指摘されるようになってい
る。また，SCM の変動に対応するためには，データドリブン[2] で SCM の変化
を捕捉して，迅速に対応をとることができるような能力の強化が必要になってお
り，データを起点とした連携の重要性が増している。但し，多くの企業にとって，
SCM 構造の多層化やサプライヤーのデジタル化進展の遅れおよびデータ共有を
忌避する文化などの背景によって，企業レベルでの取組みとして，上流・下流を
含めたサプライチェーンデータを取得するハードルは依然として高いといえる。

第 4 節　インターネットおよび関連技術の進展による影響

1．RFID（電子タグ）技術

　流通業界においてもインターネットおよび関連技術の進展による影響は大き
くなってきており，それらを有効に活用することがさまざまなメリットを引き
出すことにつながると考えられる。その中でも，モノをコンピュータに結びつ
ける手段として特に注目されてきたのが，非接触でしかも無人でも情報を取得
できる RFID（Radio Frequency Identification）と技術的名称で呼ばれる電子タグ
（IC タグ）（以下，RFID）である。

　これらは非接触の識別システムであり，電波でデータ通信をするため，バー
コードを使用した識別システムと比較して汚れに強く，離れた場所から複数の

ものを一括で読み取れるという違いがある。近年の技術の進展から，多くの製品や配送物等から情報をすばやく正確に読み取ることが可能になり，RFID は作業の効率化が必要なさまざまな場面で導入や活用が広がっている。さらに，RFID ソリューションは，アパレル等の小売店舗，物流倉庫，製造ラインをはじめ，さまざまな流通シーンでの省人化・省力化を実現し，業務効率化・コスト削減につなげることが可能となっている。

IC チップとアンテナから構成される RFID は，電波を利用することで，電子タグに書き込まれた情報を離れた場所から読み取ることができ，一度に複数の電子タグから情報を読み取るなど，バーコードにはない特徴を有している。加えて，薄く小さく安価な RFID が登場し始めたことで，あらゆるモノに埋め込むことが可能になり，バーコード機能の代替のみならず，ネットワークとの結びつきを深めつつ多様な分野で利用され，情報化社会においてヒトやモノとネットワークをつなぐ基盤ツールとなることが期待されてきた（図表 13-3）。

図表 13-3　電子タグの利用例

食品
生産地や賞味期限の把握

販売・流通
在庫や顧客情報の管理

道路・交通
目的地への誘導，位置把握

物流
コンテナや郵便，
宅配便の管理

医療・薬品
服薬サポート，
医療過誤の防止

消防・防災
消防隊員の位置把握

教育・文化
図書管理，展示物の案内

レジャー
入場者の管理

出所：ユビキタス ID センター（日立ロジスティックスシステム社提供）。

2.　なかなか進まない電子タグの普及

しかしながら，この RFID を流通・物流分野で活用しようと，20 年程前か

ら各業界・業種等で動き始めてきてはいる。ユニクロを始め大手のアパレル企業やセレクトショップが，一部の高額な商品だけではなく，ほぼ全商品に個別単位で電子タグを導入することで，万引き防止も含めて，正確に管理・計測しているケースがみられる。このように大手企業が導入するケースは多くなってきたが，中小・零細企業での導入はなかなかハードルが高いのが現実である。

　なかなか普及が進まない理由は大きく2つある。1つ目は，RFID を付けるのにコストがかかることである。特に卸・小売業では，商品にわざわざ RFID を付けなければいけない，という時間がかかる困難な作業が伴う問題がある。メーカーであれば生産の段階からそうした工程を入れることができるが，多種多様な製品を扱い，またそれらが不定期に納品される卸・小売業では，「そんな時間は取れない」というのが本音である。しかも，製品の単価が高ければ，そうした労力をかける価値がまだあるが，薄利多売な商売であればあるほど，こうしたところに人手をかけてもコストが増えるばかりである。RFID そのものの単価は数年前に比べれば安くなってはいるが，中小・零細企業にとってはそれでもまだまだ高く難しく，多くの中小・零細企業では導入を断念せざるを得ない状況である。

　2つ目は，精度にまだまだ不安がある点である。RFID の特性として，ある程度仕方がないことではあるが，水や金属をかいくぐって読み取ることが苦手であることと，広い範囲で正確に読み取ることができない，ということも理由の1つである。ユニクロのように，右側の商品トレイに，商品を置くだけで自動的に商品の数や値段を読み取ってくれる最新式ボックスであれば，ある程度空間を区切れば精度は高まるが，広い倉庫であれば精度はなかなか上がらない。回転寿司でも，ハンディターミナルで皿の枚数を読み取った後に，店員が皿の枚数を確認するが，これは精度の問題から，あくまで RFID は目検チェックの補助的な使い方をしているに他ならない。

　一方で，これらのコストの問題や，精度の問題が改善されれば，中小・零細企業にとっても大きな効果が期待できる。もし製品の製造段階で RFID が付けられており，メーカーや卸・小売業がそれらを利用することができれば，入荷・出荷処理での数量検品は不要となり誤納品もほぼなくなる可能性が高い。入荷

された商品を機器に通過させればタグを読み込んで，製品とその個数を基幹システムに流し，入荷予定データと照合できる。さらに棚卸も効率が上がることが期待される。いままで社内全体で棚卸をやっていた業務が，数名が倉庫を数十分だけ機器をかざしながら巡回するだけで，終了する。今は手入力からハンディターミナルまでさまざまな方法を行っている業務が「しなくて良い」業務になることからその可能性は非常に魅力的である。

　入出荷や棚卸が RFID でミスなくできるということは，単に時間短縮や人件費の削減が実現できるわけでなく，「ミスなく」というのが非常に重要である。これまでどうしてもヒューマンエラーによって発生していた在庫のズレはかなり改善される。RFID の単価も徐々に下がっており，精度についても技術の発展と共に向上している。

3.　さらなる流通情報化の進展

　一方で，個品単位の各シリアル番号での情報活用が期待されるケースも存在する。現在は，そこまでの機能を実装した例はまだないが，例えば，ある商品がサプライ・チェーンをどのようにたどってきたのかといったトレーサビリティ[3]や，店舗内のどこにどの商品があるのかリアルタイムで把握するといったロケーション管理に，個品ごとのシリアル番号を活用するケースである。

　スーパーで売るキャベツ1個1個に RFID を装着すれば，生産地，収穫の年月日，生産者のコメント，レシピといった生産情報や付加情報を盛り込むことができる。消費者はキャベツの情報を購入店に設置された端末で閲覧することができるし，自宅に戻ってパソコンや携帯でも情報を閲覧できる。いわゆる"顔の見える野菜"が誕生するわけで，肉や野菜の食品流通のトレーサビリティも実現できる。この食品分野は，最近，食の安全・安心に関心が高まっていることもあって，RFID の応用が特に注目を集めている分野である。

　また，交通分野では，電柱や街路灯などに無線で情報を発信する装置（RFID応用装置）を埋め込んでおくことで，街の道路案内，レストラン案内，名所案内などさまざまな情報を提供できる。例えば，目の不自由な方への道案内とし

て，道路上の点字ブロックに電子タグを埋めておくことで，ここがどこで，右に行けばどこに行くかなどを音声で案内してくれる実験も始まっており，人間1人ひとりの身近な生活に密接に関わってくる。

　最近では，銀行のキャッシュカードやクレジットカード，定期券・乗車券などのIC カード化が標準となってきている。これらのIC カードも電子タグと同じように，IC チップと無線を利用したRFID 技術によるもので，形状が異なるだけのものである。キーテクノロジーとされ，今後も普及していくものと考えられる。さらに，クレジットカードや交通系IC カード，またはスマートフォンを専用端末にタッチするだけで支払いができるタッチ決済（非接触決済）も一気に普及が進んでおり，今後もますます進展していくものと考えられる。

第5節　おわりに

　流通機構の情報化の進展がインターネット標準技術と連動すれば，ますます業務は標準化され，ヒトが介在する手間が省けると想像しがちであるが，実際は逆である。ますますヒトの知識が介在する余地は広がり，より一層分散型の情報処理が進んでいく。今後，次世代ネットワーク技術が普及，進展し，RFID の応用化が進めば，そのさまざまな用途を創造するユーザーたちの知識を契機にして，取引関係や競争関係がさまざまに組み替えられていく可能性は決して小さくないのである。

　一方で，今後，流通機構の中では，ネットワークを利用して顧客情報・販売情報を集積し，それを活用しているところが流通における主導権を発揮する。そうなれば，情報システムやマーケティング手法の高度化が進展すればするほど，情報倫理やマーケティング倫理が必要にならざるを得ない。

　流通機構は，本章でみてきたように情報化の進展によって大きく姿を変え，想像をはるかに超える進歩をとげたが，近年では，消費者が，企業から発信する情報に振り回されるようなケースが目立ち，利益を誘導するような動きも広

まっており，企業の社会的責任の遂行が厳しく求められている。

　企業として，法令遵守の責任や経済的な責任，自主基準規制の責任，そして地域や社会への積極的貢献の責任などの社会的な問題解決を図りながら，業務を効率化し働き方改革や少子化による人手不足に対応していくためにも，流通機構の情報化・システム化を進めなければならない。

＜注＞

1) ICT（Information and Communication Technology：情報通信技術）とは，PC だけでなくスマートフォンやスマートスピーカーなど，さまざまな形状のコンピュータを使った情報処理や通信技術の総称を言う。ICT は IT（Information Technology：情報技術）にコミュニケーションの要素を含めたものを意味する。
2) データドリブン（Data Driven）は，売上データやマーケティングデータ，WEB 解析データなど，データに基づいて判断・アクションを実践することである。ビジネスにおいてさまざまなデータに基づいて判断・アクションするということは行われていたが，近年改めて注目・重要視されている。
3) トレーサビリティ（Traceability）は，「Trace（追跡）」と「Ability（可能）」という意味の 2 つの単語から成る言葉で，直訳すると「追跡可能性」となり，元々は計測機器の精度や整合性を示す用語として使われてきたが，近年では野菜や肉などの生産・流通履歴も意味するようになっている。食品ではどこで生産されたか，どのような流通経路を通ったか，どのような加工がされたかといったことを証明する「追跡可能性」ということになる。すなわち，食品の生産・加工・流通の履歴を管理する仕組みをいう。

＜参考文献＞

青木俊昭［1989］「流通「情報化」の進展－VAN と POS の現状と動向－」『経営情報科学』Vol.12. No.1, 東京情報大学。
岡本哲弥［2008］『情報化時代の流通機能論』晃洋書房。
佐々木聡［2007］『日本的流通の経営史』有斐閣。
佐藤　誠［2007］『流通情報システム』中央経済社。
鈴木安昭［1993］『新・流通と商業』有斐閣。
住谷　宏編［2008］『流通論の基礎』中央経済社。
田島義博［1976］『流通機構の話』日本経済新聞社。
山口正浩監修・田中秀一編著［2009］『流通マーケティング』同文舘出版。
渡辺達朗・原頼利・遠藤明子・田村晃二［2008］『流通論をつかむ』有斐閣。

（山口　隆久）

第14章

流通政策の変遷

━ 本章のねらい ━
① 戦後日本流通政策の変遷について，以下の四段階に分けて解説する。
② 戦後経済復興期：中小小売商業の保護を目的とした伝統的な流通政策の特徴を理解する。
③ 高度経済成長期：流通業における合理化・近代化を志向した流通政策の展開過程を理解する。
④ 安定経済成長期：これまでの高度経済成長に対応した経済政策から，社会，経済，さらに政治をも含む総合的政策へと変化した流通政策の流れを概観する。
⑤ 1990年代以降：時代の変化に対応した流通規制緩和の展開，まちづくりおよび地域社会インフラの再構築を重視した流通政策の新展開を検討する。

第1節　戦後経済復興期の流通政策

　戦後経済復興期における流通政策は，中小商業保護政策ともいわれるように，中小商業の保護を特徴としている。当時，経済復興のために，政府は重化学工業を中心に少数の基幹産業を育成するという経済政策を実施した。このような経済政策は，産業の復興や合理化を最も重視した，いわゆる，生産第一主義に徹している。したがって，流通業はその経済政策の対象とされず，従属的地位におかれていた。この時期に，政府の流通業に対する関心は以前のまま中小小売商業を保

護することに向けられていた（佐藤［1974］294-302頁，鈴木［1978］242-245頁）。

　この時期の主な流通立法として，1956年の「百貨店法」（いわゆる，「第二次百貨店法」）と59年の「小売商業調整特別措置法」があげられる。前者は，中小小売商業活動の機会を確保することを目的とした法律である。同法は百貨店の新設・増設の許可，閉店時刻と休業日数の制限，営業方法の規制などにつき規定したものである。後者は，小売商業の正常な秩序を阻害する要因を除くことによって，小売商業の事業活動の機会を適切に確保することを目的とした法律である。同法は生協や農協のような購買会事業への規制，小売市場の許可制，製造業者・卸売業者の小売兼業の届出制などを主な内容としたものである。

　戦後経済復興期の流通政策は，実質上戦前から一貫した伝統的な商業政策そのものであり，中小小売商業を潜在的過剰人口のプールとして温存するために，その保護を図るという社会政策の色彩を濃厚に帯びたものであった（岩永［1988］2頁）。このような後向きの流通政策は，日本経済の高度成長の到来に伴って，転換を余儀なくされることになった。

第2節　高度経済成長期の流通政策

　1960年から73年にかけて，日本は本格的な高度経済成長期を迎え，1965年から70年までの長期にわたる「いざなぎ景気」を経て，アメリカに次ぐGNP（国民総生産）規模をもつ経済大国への地歩を築いていった。工業生産の飛躍的な発展は，必然的に流通業に大きな刺激を与え，しかも，それに対応できる流通政策の確立が要求されなければならない。次に，この時期の主要な流通政策の展開をみてみよう。

1.　流通近代化政策

1960年代初期，日本では流通革命が登場し，これを契機に政府は流通近代

化政策を打ち出し，積極的に推進するようになった。そして，この政策の重点は，はじめて中小商業を近代化させ，競争力をつけさせることに置かれた。このことは，これまでの中小小売商業の温存・保護という後向きの商業政策が流通業における合理化・近代化を志向する前向きの流通政策へと転換するようになったことを意味する。

　流通近代化を推進するために，規模の利益，すなわち商業の規模拡大による生産性向上が求められる。この規模の利益の追求による政府の具体策のなかには 2 つの側面がある。その 1 つは，個別の経済単位（商業企業）がそれ自体の努力によって大規模化する，いわゆる経済単位の内部における経済合理化の推進である。特に，中小小売商業への科学的経営管理手法の導入が主な内容となっている（荒川［1984］276 頁）。

　一方，商業企業の大規模化志向に関しては，1960 年代にスーパーが急成長したことからも，個別企業が単独で規模の利益を図るという政府の意図を見出すことができる。

　また，もう 1 つは，個別の経済単位が集団化・組織化・協業化する，いわゆる経済単位の外部における経済合理化の推進である。これは，政府が中小小売商業に近代化を実現させ，大規模小売商業への対抗力をつけさせることへの重要性を十分に認識したうえで打ち出した政策である。当時，政府が小売商業店舗共同化のために高度化資金貸付制度やボランタリー・チェーンへの支援のための「小売商業連鎖化資金貸付制度」を創設したことなどがそれに当たる。

2.　流通システム化政策

　これまでの流通近代化政策は，流通構造の合理化を志向するものだったが，流通活動全体の合理化や流通機構全体の機能の高度化を欠いている。このような認識に基づいて，日本の流通政策は個々の企業やその集団についての合理化を志向する近代化政策から，流通業全体の合理化を志向する流通システム化政策へと転換せざるを得なくなった（鈴木［1978］249 頁）。1969 年に提出された「流通活動のシステムについて」という第 7 回中間答申の提案に基づいて，70 年

に流通システム推進会議が発足した。そして 1971 年には，流通システムの基本的方向と目標，手段を集めた「流通システム基本方針」が公表された。その中で，取引流通システム化計画，物的流通システム化計画，規格化推進計画など，政府の詳しい施策が計画されている。これによって，物流の合理化やコンピュータの導入による情報システム化が大きく進展した。

3. 大店法の成立

　一方，この時期，百貨店法の規制を受けない「疑似百貨店」の出現によって，周辺の小売商業に大きな影響を与え，百貨店法改正が強く要求されるに至った。こうした中で，百貨店法改正を盛り込んだ「大規模小売店舗における小売業の事業活動の調整に関する法律」（いわゆる，［大店法］）が 1973 年に成立した。これに伴って第二次百貨店法が廃止されることになった。

　大店法の目的は，「消費者利益の保護に配慮しつつ，大規模小売店舗における小売業の事業活動を調整することにより，その周辺の中小小売業の事業機会を適正に確保し，小売業の正常な発展を図る」ことにあるとされている。この大店法は，従来の百貨店法との大きな違いとして次の 2 つがあげられる。

　1 つは，百貨店法が「企業主義」の考え方だったのに対して，大店法は「建物主義」の考え方をとったことである。つまり，百貨店法は，同一店舗の床面積合計が 1,500 m^2（10 大政令指定都市は 3,000 m^2）以上のものを経営する主体を百貨店業とみなし，百貨店の営業活動に規制を加えた。しかし，大店法では，同一建築内の店舗面積が基準面積（百貨店法に同じ）以上の店舗はすべて大型店とみなされ，規制対象となった。これは，これまでに発生した「疑似百貨店」問題を解決する有効な措置とみられている。

　もう 1 つは，百貨店法が厳重な許可制をとっていたのに対して，大店法は事前審査つきの届出制をとったことである（高丘・小山［1973］143-146 頁）。大規模小売店舗が新・増設される場合，その設置者と建物に入居する小売業者は事前に開店日や店舗面積，営業時間および休業日数などを通産大臣に届け出る義務がある。通産大臣は届出を受けると，届出内容の変更や勧告・命令をするこ

とができる。その場合，大規模小売店舗審議会は，まず新・増設される店舗所在地の商工会議所を中心に組織される商業活動調整協議会（[商調協]）の意見を聞くことになっている。このように，事前審査制というまったく新しいコンセプトの導入は，この大店法の最大の特徴といえよう。

　大店法成立とともに，1973 年「中小小売商業振興法」が制定された。この法律の成立は，中小小売商業の近代化促進が流通政策の視点からも要請されることを示している。

第 3 節　安定経済成長期の流通政策

　1973 年の第一次オイル・ショックを契機に，日本経済発展の様相が一変した。高度経済成長から安定経済成長へと経済構造が転換されるに至った。それまでに累積された公害，地域間不均衡，都市問題といった多くの社会・経済問題が顕在化してくるにつれ，高度経済成長に対応して形成された流通政策も，当然，見直しが迫られることとなった（荒川 [1984] 178 頁）。

　この時期，流通問題は単なる大規模小売店と中小規模小売店との調整というものではなく，地域問題，消費者問題，文化教育問題，さらには政治問題にまで拡大していった。したがって，この時期の流通政策は，これまでの流通合理化を志向する経済政策から，社会・経済，さらに政治をも含む総合的政策へと，その政策の領域を広げていったのである（岩永 [1988] 114 頁）。次に，安定経済成長期の一部の流通政策をみてみよう。

1.　大店法改正

　経済・社会的環境の急速な変化によって，大規模小売店とその周辺の中小規模小売店との紛争が激化し，既存の大店法が調整政策の根拠法として機能上の限界を露呈したことなどの理由によって，1978 年，大店法改正が行われた。改正大

店法の「大規模小売店舗」では，基準面積の大幅な引下げがあったばかりではなく，第 1 種（その建物内の店舗面積の合計が 1,500 m² 以上［都の特別区および政令指定都市の区域内は 3,000 m² 以上]），第 2 種（その建物内の店舗面積の合計が 500 m² 超 1,500 m² 未満［都の特別区および政令指定都市の区域内は 500 m² 超 3,000 m² 未満]）という形で調整権限者の区分も同時に行われたところに特徴がある（野口［1988］150 頁）。また，改正大店法は，届出の公示，店舗の調整，閉店時刻および休業日数などについて新しい規定を設け，規制強化の色を強めた。

2. 訪問販売等に関する法律

高度経済成長に伴って，商品の大量生産・大量販売が実現するにつれて，消費者行政の重要性がいっそう強調され，流通活動の健全な遂行のために具体的な消費者保護政策が必要とされるようになった。「訪問販売等に関する法律」がその 1 つである。

小売業の発展によって，通信販売，訪問販売などの特殊な販売方法が現われ，その成長性が注目されている。しかし，このような販売方法によるトラブルも多く起こり，消費者の被害が目立っている。これに対応するため，1976 年に「訪問販売等に関する法律」が施行された。この法律は，訪問販売，通信販売，ネガティブ・オプション，マルチ商法という 4 つの販売形態に対して，それぞれ規制を設けている。例えば，マルチ商法については，不正な勧誘を禁止し，クーリング・オフの権利を認めることを明記して，実質的に禁止に近い規定となっている（久保村［1987］222 頁）。

3. 「80 年代の流通産業ビジョン」

1983 年 12 月，「文化の時代」における新たな課題に対応した 1980 年代の流通政策の道標を立てることを目的として，産業構造審議会流通部会と中小企業政策審議会流通小委員会との合同会議において，「80 年代の流通産業と政策の基本方向」（いわゆる，「80 年代の流通産業ビジョン」）がとりまとめられた。

その中で示された流通政策の基本方向として，①消費者ニーズ多様化への対応，
②活力ある多数としての中小企業の発展への支援，③商業政策と都市政策との
連携の強化，④情報化社会への積極的対応，⑤創造性のある人材の確保，⑥国
際化社会における流通産業の役割，⑦流通政策に関するフォロー・アップの継
続などが謳われている（通産省産業政策局・中小企業庁編［1984］89-103頁）。

第4節　1990年代以降の流通政策

　1990年代に入って，日本の社会・経済環境が激変し，バブル崩壊によって
長引く不況が現れた。需要構造の変化によって消費者の価格志向が強まり，大
店法をはじめとする規制緩和の推進，まちづくり問題，環境問題，高齢化社会
への流通業の対応など，流通構造改革と新たな流通政策の整備が求められるに
至った。そこで，この節では，大店法の規制緩和・廃止および新しい流通政策
の整備について考察してみよう。

1.　大店法の規制緩和と廃止

　これまでの大店法の規制は，小売市場への参入障壁を形成し，新規参入によ
る競争から既存店を保護するとともに，消費者のニーズに対応した出店を抑制
し，結果として消費者の選択機会を狭めたのである。そして，女性の社会進出，
出勤時間の長期化，消費者のライフスタイルの変化，コンビニエンス・ストア
など規制面積以下の小売店舗や無店舗販売の成長，自動車の普及などによる消
費者の買回り圏拡大などに伴い，店舗面積や営業時間の規制の意味は薄くなり，
中小小売商業の保護の効果も小さくなっているなどの意見が強くなってきた（根
岸［1989］207-208頁）。したがって，大店法は，1980年代後半以降，再び内外の
関心を集めることとなり，その運用基準の緩和などが強く求められるに至った。
　これに対応するため，1989年に公表された「90年代の流通ビジョン」には，

大店法運用等の適正化についての具体策が示されている。その中で，①出店の
さい，地元への事前説明に原則 6 ヵ月，最長 8 ヵ月という期限を新設したこと，
②事前商調協の審議期限を原則 8 ヵ月とすること，③大店法より厳しい出店規
制を条例などで定めている地方公共団体に規制内容の適正化を求め，地方公共
団体の規制についての相談窓口を各通産局に設置すること，④閉店時刻の届出
不要基準を午後 7 時以前とすること，⑤休業日数の届出不要基準を年 44 日以
上とすること，売場面積の微増（10％または 50 m^2 のいずれか小さい面積の範
囲）および中小テナントの入れ替えについて，手続きを簡略にすることなどを
提言している（通産省商政課編［1989］169-182 頁）。

　一方，大店法の規制緩和を要求する直接的な原因として，アメリカを軸とす
る先進諸国から日本流通業に圧力がかけられたことがあげられる。とりわけア
メリカは，1989 年から 90 年にかけての日米構造問題協議において，大店法が
アメリカの対日輸出を阻害しているという問題意識にたち，将来一定時までの
大店法の廃止，それまでの大店法の運用基準の緩和，地方公共団体の独自規制
の廃止，といった要求を提出した。しかしながら，中小・零細規模小売店が大
多数を占める日本の小売業の中で，競争上優位にある大規模小売店が無秩序に
出店を行った場合，周辺の中小規模小売店の多くは経営不振に陥り，地域社会
安定への損害の可能性が高いため，政府は，大規模小売店出店を調整するとい
う大店法の枠組み自体を維持すると同時に，大店法が本来の趣旨から逸脱した
運用実態に対する適正化を急務とすべき意向を示した（渋沢［1990］63 頁）。

　1990 年 6 月にまとめられた「日米構造問題協議最終報告」の中には，政府
の大店法運用適正化政策などが盛り込まれた。すなわち，大店法運用適正化措
薇等の実施，国会における提出をめざした法律改正，大店法改正 2 年後にさら
に大店法を見直す（日米構造問題研究会編［1990］25-27 頁），という 3 段階の規
制緩和である。

　1995 年 4 月，政府は「規制緩和推進 3 ヵ年計画」を策定し，97 年度末まで
に大店法の見直しを行うことを決めた。1997 年 12 月，産業構造審議会流通部
会と中小企業政策審議会流通小委員会との合同会議で，大店法見直し報告書（中
間答申）がまとめられた。その答申の中では，大店法を廃止し，新たに出店地

域周辺の環境等に配慮して地方自治体が出店を審査する「大規模小売店舗立地法（大店立地法）」を制定することを求めている。

この答申に基づいて，政府は1998年1月の通常国会に大店立地法案を提出した。同年5月，大店立地法，中心市街地活性化法の成立および都市計画法の改正，いわゆる「まちづくり三法」が制定された。そして，大店立地法が2000年6月に施行されると同時に大店法が廃止されることとなった。

2.　「まちづくり三法」の制定

これまでの商業集積が周囲の交通問題，生活環境，景観などに多大な影響を及ぼし，特に大規模小売店が周囲の環境に対して負の外部効果を有することが考えられるため，地域住民，商業者および自治体が一体となって対応を図る必要がある。しかし，従来の大店法はこれが欠けていた。1997年以降，政府が大店法を抜本的に見直すと同時に，まちづくりや環境問題を主眼にした新しい政策づくりへの転換を図った（渡辺［2007］198頁）。このような背景もあって，「まちづくり三法」すなわち，大店立地法，中小市街地活性化法および改正都市計画法が制定された。この節では，これらの政策のあらましなどをみてみよう。

（1）　大店立地法の展開とその意義

ここでは，新しく制定された大店立地法の概要を従来の大店法との比較を通じて明らかにしたい。

大店立地法の目的は，「大規模小売店舗の立地が，その周辺地域の生活環境を保持しつつ適正に行われることを確保することにより，小売業の健全な発展を図り，もって国民経済及び地域社会の健全な発展並びに国民生活の向上に寄与する」ことにあるとされている。これは従来の大店法の目的とはまったく違っている。すなわち，大店法は，中小小売商業の保護に重点を置いたものであるのに対し，大店立地法は地域社会の環境保全を重要視するためのものだといえよう。

法律の対象となる店舗は，大店法が500 m^{2}以上の店舗面積をもつ店舗であるのに対し，大店立地法は店舗面積1,000 m^{2}以上に適用される。大店法の調

整4項目が，店舗面積，閉店時刻，開店日，休業日数だったのに対し，大店立地法では，交通渋滞，廃棄物処理，騒音，駐車，駐輪場の地域環境に関する項目が審査内容となる。開店時間が審査対象から外れたことで24時間営業も可能である。さらに，運用主体は国や都道府県だったものが地方自治体に変わった（豊田・丸田［1999］24頁）。

確かに，大店立地法は環境規制で，これは従来の大店法の経済的規制を脱ぎ捨て，地域住民や消費者の利益を主眼に据えた社会的規制に調整の性格を変えて，大規模小売店周辺の交通渋滞，騒音などの生活環境の悪化の防止を図ろうとする法律である。この意味で日本の流通政策は，従来の「中小小売商業の保護」から「まちづくり」へと大きく転換した。このこと自体は歴史的な意義をもつものといえよう。

(2) 中心市街地活性化法

前述のように，中心市街地活性化法は大店立地法とともに制定されたものである。その目的はショッピング・センター（SC）時代がきて地盤沈下する商店街を含む中心市街地を活性化しようというものである。具体的には，国が基本方針を示し，市町村がそれに基づいて活性化の計画を作成し，それを国が承認し，そのうえで国および都道府県が助言または資金の援助をしようというものである。

その支援措置としては，TMO（タウンマネージメント機関）によるキーテナント誘致のための施設整備，家賃補填などの支援，などが規定されている。この法律は「まちづくり」ということで広範にわたるため，その施行には11省庁が関わることとなった（波形［1998］7-8頁）。

(3) 改正都市計画法

これは社会経済状況の大きな変化を踏まえ，32年ぶりに都市計画制度を全般にわたって見直し，新たな制度枠組みを構築する政策である。特に用途地域と特別用途地区の2つの指定が行われており，このうち特別用途地区の指定を国で行うことを改めて，地方行政が指定できるようにした。それによって，地方行政は，中小小売商業ゾーン，あるいは大規模小売店ゾーン等の指定ができ

るようになり，大規模小売店の出店できない地域あるいは出店可能な地域等に分けて出店を規制できるようにした政策となった（波形［1998］7 頁）。

3.　「まちづくり三法」の見直し

「まちづくり三法」の実施過程において，社会，経済環境の変化にマッチできなかった多様な問題が現われており，それに対する議論が活発になると同時に見直すべきといった声も高まるに至った。

その主な理由として，「まちづくり三法」制定当時大きな期待がかけられた中心市街地の空洞化に歯止めをかけるという政策効果は実現しておらず，逆にその空洞化現象が一層深刻化するようになったことが挙げられる。これについて，村上義昭氏は主に①大店法が大型小売店の郊外立地を促進したこと，②中心市街地の活性化法によって定められた中心市街地活性化基本計画を評価する仕組みがなかったこと，③改正都市計画法の規制が緩かったことを取り上げて具体的に分析している（村上［2009］1 頁）。要するに，渡辺達朗氏が指摘したように，その最大の問題点は，「まちづくり三法として一括される 3 つの法制度が，相互補完的な関係にあるというよりは，じつは互いに矛盾し合う政策効果を有していたこと」（渡辺［2007］235 頁）に帰結することができる。

以上の諸問題の解決を図るために，2006 年に「まちづくり三法」の改正が行われた。改正の基本方針は，中心市街地にさまざまな都市機能を市街地に集約（「まちのコンパクト化」）するとともに，地域の創意工夫を活かした「にぎわい回復」を図ることにより，「コンパクトでにぎわいあるまちづくり」を目指すもので，それに基づき，コンパクト・シティ化，大型店の郊外立地を制限する方向が打ち出された（経済産業省編［2007］44-45 頁）。

中心市街地活性化法の改正によって，従来の施策の中心部分となっていたTMO に関する規定がなくなり，活性化事業の実効性を重視する仕組みを導入し，意欲的な市町村を支援することを可能にした。また都市計画法の改正によって，従来規制対象だった 3,000 m^2 超の商業施設のみでなく，1 万 m^2 超の大規模集客施設（大規模小売店舗）に加えて，劇場，映画館，遊技場などを幅広く

含む施設に対する規制を強化し，その立地できる地域として工業地域，第二種住居地域，準住居地域がはずされ，商業地域，近隣商業地域，準工業地域の3地域に限定された（渡辺［2007］244-248頁，村上［2009］14頁）。

また，大店立地法の改正だが，これは法改正ではなく，主として法律の指針改定という形で2回にわたって行われた。2007年に施行された指針改定をみると，大型小売店舗に併設される物販以外のサービス関連施設にも駐車場の確保を求めると同時に，序文に大型小売店の社会的責任を盛り込んだ。

以上のように，「まちづくり三法」の見直しによって，前述の中心市街地活性化に関する3法の不整合という問題の解決がある程度解消され，法律間の連動性を高めることに役立ったと評価されている（渡辺［2007］251頁）。これにより，課題が残っているものの，中心市街地活性化の枠組みは一応整備されたといえる。「改正まちづくり三法」が施行されて以降，それをめぐる政策的変化は特になかった。

4. 買い物弱者対策の整備

現在，少子高齢化・人口減少や市場縮小を受けて，近隣に生鮮食品を始めとした生活必需品を扱うスーパーや商店の撤退や廃業，交通網の弱体化により，日常の買い物に不便や苦痛に感じている高齢者など，いわゆる買い物弱者は増加している。経済産業省では買い物弱者の数を600万人程度と推計されている。特に75歳以上のいわゆる「後期高齢者」が2010年の1,422万人から2015年の1,645万人，2020年の1,874万人へと急増することから，店舗に買い物に出かけることが困難になる高齢者がさらに増えると想定されている。この新たな社会問題への解決を図るために，政府は政策面での指導と資金面での支援を中心とした対応策の整備に注力している。

経済産業省は，流通事業者等を中心とした民間主体と地方自治体等が連携して持続的に行う地域の課題に対応する事業（宅配，移動販売，地域のコミュニティ活動との連携等）について検討する際にガイドラインとなる先進事例や制度の活用方法等を関係省庁と連携して整理し，流通事業者向けのセミナーや地

方自治体との協議会等で普及・啓発を実施している。

　また，同省は 2011 年度以降補正予算補助事業において各地で展開されている買い物弱者支援事業を公募し，採択事業に対して補助金を交付している。公募事業の中には，買い物バス，宅配，移動販売，ミニ店舗開設，買い物弱者支援全般，生活支援サービス，商店街活性化，配食サービス等関連支援事業が含まれている。先進的な取組みへの支援を通じて，流通事業者と地域の多様な主体との連携を強化するだけでなく，買い物支援事業が持続的に行われることによって，地域生活インフラの再構築を促進している。

5.　中小小売業の振興に対する支援策

　中小小売業を振興させる政策は日本の流通政策の中で重要な構成部分であり，経済・社会の環境変化に伴い，この政策を持続的に展開するための新たな課題が多く提起されており，それに対する国の支援も行われている。ここで 2 つを取り上げてみる。

（1）　キャッシュレスの普及加速

　キャッシュレス決済（クレジットカード決済，デビットカード決済，QR コード決済などを含む）の普及も中小小売店にとって重要な課題となっている。中小小売店はそれを積極的に導入すれば，店舗の利便性，効率化の向上だけでなく，消費者の利用増加による売上げの拡大も期待できる。経済産業省は，日本のキャッシュレス決済比率を 2025 年までに 4 割程度，将来的には世界最高水準の 80% まで上昇させることを目指し，2019 年以降キャッシュレスの普及加速に向けた環境整備に取り組んでおり，日本政策金融公庫が創設した低利融資制度もキャッシュレス決済を導入する中小小売店などの資金繰りを支援するものである。

（2）　商店街の活性化を図る支援策

　近年，新型コロナウイルスの感染拡大は商店街の経営活動にも大きな打撃を

与えている。その悪影響を最小限に抑え，商店街を活性化するための需要喚起は中小小売業を振興させるために必要だ。中小企業庁は2022年に「がんばろう！商店街事業」を開始した。これは商店街等がイベントなどを実施することにより，消費者等が「地元」や「商店街」の良さを再認識するきっかけとなる取組みを支援する事業であり，商店街等がこの事業に応募し，審査を経て採択された提案を国が支援することになっている。これを通して，商店街の活性化だけでなく，地域の事業者の活気を取り戻すことにもつなげる狙いがある。

＜参考文献＞

荒川祐吉［1984］「流通近代化政策」久保村隆祐・原田俊夫編『商業学を学ぶ（第2版）』有斐閣。

岩永忠康［1988］「戦後わが国の流通政策の展開」田中由多加編『入門商業政策』創成社。

岩永忠康・佐々木保幸編著［2013］『現代の流通政策』五絃舎。

久保村隆祐［1987］「流通政策」久保村隆祐編『商学通論』同文舘出版。

経済産業省編［2007］『新流通ビジョン』経済産業調査会。

佐藤　肇［1974］『日本の流通機構』有斐閣。

渋沢昌弘［1990］「平成2年度流通施策の重点～日米構造協議と新たな流通政策の展開」『流通とシステム』No.63。

鈴木　武［1978］「流通政策と消費者主権」橋本勲・阿部真也編『現代の流通経済』有斐閣。

高丘季昭・小山周三［1973］『現代の百貨店』日本経済新聞社。

通産省産業政策局・中小企業庁編［1984］『80年代の流通産業ビジョン』通商産業調査会。

通産省商政課編［1989］『90年代の流通ビジョン』通商産業調査会。

豊田正弘・丸田　敦［1999］「カウントダウン大店立地法」『チェーンストアエイジ』11月15日号。

波形克彦［1998］『「大店法廃止」影響と対応』経営情報出版社。

日米構造問題研究会編［1990］『日米構造問題協議最終報告』財経詳報社。

根岸　哲［1989］「流通規制の現状とそのあり方」宮澤健一編『流通システムの再構築－開放的かつ競争的な消費者指向型流通機構の構築にむけて』商事法務研究会。

野口智雄［1988］「大店法と流通政策の展開」田中由多加編『入門商業政策』創成社。

松江宏編著［2001］『現代流通論』同文舘出版。

村上義昭［2009］「中心市街地活性化の課題」『日本政策金融公庫論集』第4号。

渡辺達朗［2007］『流通政策入門（第2版）』中央経済社。

（謝　憲文）

第15章

新しい流通システム
―消費・流通・生産―

=== **本章のねらい** ===

① 時代背景とともに生産，流通，消費における諸関係を把握する。

② 流通の主体性は，その経済力と情報力によって構築され，維持されてきたことを確認する。

③ 垂直的マーケティング・システム，製販同盟，製販統合の違いについて理解する。

④ 十分な思考を持って消費に対する新しい捉え方を理解する。

⑤ 購買後の消費プロセスに同時適応する新しい「消費起点の流通・生産システム」の考え方に対する理解を深める。

第1節　はじめに

　今日，流通の在り方が大きく変わろうとしている。もちろん，国際化，情報化の急速な進展がその背景にあるのはいうまでもない。しかし，ここで注目したいのは，消費および消費に対する考え方の変化である。

　かつて，アルビン・トフラーは，その著書『第三の波』（1980年）の中でプロシューマーの出現を予測したが，今日，消費者参加型製品開発にみられるように消費者による生産への入り込みが現実化している。一方，最近，サービス・ドミナント・ロジック（Service Dominant Logic，以下，S-Dロジック）が提唱され（Vargo and Lusch [2004]），消費に対する考え方も変わりつつある。これま

で消費は購買に軸足を置いて論じられてきたが，S-Dロジックは，むしろ，購買後の消費プロセスに焦点を置く考え方であり，それが，世界的に注目されたこともあって，今日，企業の活動も消費者の購買後に関心を寄せつつある。このようにみてくると，今後は，消費を起点として，流通，そして，生産を論じることも必要になってきた。

そこで本書の最終章として，生産，流通，消費という3つの経済活動が，これまでどのような関係にあったのかを振り返るとともに，新たな消費および消費の考え方を踏まえた流通システムとは，どのようなものかについて考えていく。

第2節　生産と流通の対立関係

1.　生産による流通への介入

わが国経済の戦後復興においては，第1に，生産力の拡大，大量生産体制の確立が急務の課題としてあげられたが，昭和30年（1955年）には，早くも貿易収支のバランスがとれ，わが国は，高度経済成長の道を強く歩み始めることとなった。

そして，いち早くその体制を整えた生産は，大規模消費財製造業を中心にアメリカから導入されたマーケティングの理論と手法を駆使し，大量生産された製品の大量流通に自ら取り組んでいった。とりわけ，個々の企業が採用したマーケティング・チャネル政策は，既存の流通構造を所与としながらも，流通そのものの態様に大きな影響を与えていった。

こうした生産による流通への介入は，伝統的に自動車産業，家電産業，化粧品産業等で多くみられ，これらの産業に属している製造業は，いわゆる流通系列化政策によって，卸売業および小売業との関係を強化していった。そして，この流通系列化政策により，わが国流通構造は特徴づけられていくことになっ

た。しかし，近年，いくつかの産業では，こうした製造業による流通系列化政策に大きな変化がみられるようになった。その典型例としてあげられるのが家電産業である。というのも，この家電産業では，周知のように家電量販店が急成長したことで，製造業による流通支配はほぼ崩壊したからである。かつては，商店街に系列電器店が立ち並んだが，今や面影を残すのみとなっている。一方，流通系列化政策が堅持されているのが自動車産業である。そこでは，製造業による卸売業の内部化が行われ，さらに，小売段階にあっては，ディーラー制度のもとでメーカー毎の流通システムが構築されている。

2. 流通の産業化

　わが国経済にあって，戦後，生産による流通への介入が行われていくなか，流通に対する極めて象徴的な解釈が，林周二による『流通革命』（1962年），『流通革命新論』（1964年）においてなされた。そこでは，大量生産体制の受け皿として流通が位置づけられ，流通は，あくまでも生産に付帯するものであるとの認識が示された。しかしながら，流通に対するこうした消極的な理解は，当然のこととして多くの反論を呼んだ。

　その代表的な論者が佐藤肇であり，当時のスーパーにみられる大規模小売業の台頭を背景とし，その著書『流通産業』（1971年）で流通の産業化を説いた。彼は，ジョン・ケネス・ガルブレイスが『アメリカの資本主義』（1955年）で述べた対抗力（カウンターベリングパワー）概念を引き合いに出し，生産に対峙する産業として流通を位置づけ，流通の主体性を主張することで，それまでの生産中心の経済論理に是正を迫った。

　確かに，高度経済成長が進む中で，スーパーの発展は目覚ましく，わが国流通構造を大きく変えていった。言い換えれば，商業者は，大量流通の主体的な担い手として自らを革新していったのである。小売業界といえば，戦前は，百貨店と中小零細の業種店によってその大部分が占められていたが，今日では，百貨店，総合スーパー，食品スーパー，コンビニエンス・ストア，ディスカウント・ストア，専門店，そして，通信販売と多様な業態がみられる。とりわけ，

スーパー，コンビニエンス・ストア，専門店等は，いわゆるチェーン・オペレーションという経営手法を導入し，生産に対峙すべく大規模化を図った。

　小売業は，本質的に消費地に分散立地するものであり，それ故に，規模の経済性を取り組むことが非常に困難である。チェーン・オペレーションは，小売業の主要機能である仕入と販売を分離し，集中仕入と分散販売を同時に達成する仕組みをいい，集中仕入は，大量一括集中仕入を意味し，そのことを通じて規模の経済性を確保する。そして，安く大量に仕入れた商品を広く消費地で分散販売するのであり，その意味からすれば，チェーン・オペレーションは，限りない多店舗展開を運命づけられているともいえる。なぜなら，集中仕入を活かすには，それに対応する大きな販売力が必要であり，そのためには，できる限り多くの店舗を持つことが不可欠だからである。

　何れにせよ，こうして小売業は大規模化に成功し，その巨大な販売力をもとに大規模消費財製造業と対等に張り合う存在となった。

第3節　生産と流通の一体化

1．小売業の主体性

　生産と流通が対峙する時代を経て，生産と流通は，協調，および統合の関係に移っていくが，なぜ，そのようなことが起こったのか。その背景には，流通，とりわけ，小売業における主体性の確立という事実がある。

　工業社会においては，規模の経済性がその支配原理であったのはいうまでもない。そして，先にみたように，小売業は，チェーン・オペレーションを導入することで，この規模の経済性を巧みに取り込み，大きなパワーを持って生産に対抗していった。

　一方，情報社会への移行と共に明らかになったのが，消費者ニーズの変化であり，その多様化，小ロット化，短サイクル化が指摘され，消費者情報の価値

はこれまで以上に高いものとなった。すなわち，先の工業社会では，いわば既知の安定した消費者ニーズへの対応が求められたが，今日の情報社会では，未知で不安定化した消費者ニーズへの正確かつ迅速な対応が不可欠となった。

　情報化の急速な進展は，いわゆる流通情報機器や技術に多大な発展をもたらしたが，その典型ともいえるのが POS システムである。POS システムは，小売取引の際に小売業と消費者との間に介在するものであり，消費者ニーズの実態やその変化に即時的に対応できる仕組みである。小売業は，この POS システムを導入することで，そこから生まれる情報の効果的・効率的利用によって，自らその競争力を確立するとともに，さらに強化していった。言い換えれば，消費者との取引関係を持たない製造業や卸売業に対して，小売業は，流通上の位置という点で，極めて恵まれた立場に置かれることとなった。すなわち，小売業の主体性は，経済力で生産に対抗し，さらに，情報力で優位となるといった構図の中で構築されてきたのである。

　そして，以上のような経緯を経て小売業の主体性が確立する中，これまでのように生産と流通を常に対立するものとして捉えるのではなく，新しい視点から両者の関係を見ていこうとする動きが生まれた。それが，生産と流通の協調関係であり，また，統合関係である。特に前者は，製販同盟という形で具体化されていくことになった。

2.　製販同盟

　製販同盟は，何らかの形で小売業の主体性が確立されていることを前提とし，流通と生産の主体間における win-win 関係の構築を意図するものであり，製造業と典型的には小売業，すなわち，生産と流通が，いわば協調関係にあることがその最大の特徴である。具体的には，商品の共同開発や情報の共有化が生産と流通の間で行われるのであり，それまでの対立という関係からすれば，注目すべきものといえる。

　こうした製販同盟の先駆的事例となったのが，1987 年の P & G とウォルマートによる協調関係の構築である。そこでは，両者の間で POS データが交わされ，

それによってＰ＆Ｇの生産計画とウォルマートの在庫計画の効率化が図られた。その後，両社の関係は，商品開発にまで及ぶこととなり，流通コストの削減を主たる目的とした機能的な同盟関係から，包括的な同盟関係へと発展していった。また，わが国でも，味の素と当時のダイエーによる低価格食品に関する包括的な同盟関係が話題となった（『日本経済新聞』1994 年 1 月 16 日付）。

　ところで，Webster［1995］は，戦略的同盟を売り手と買い手によるパートナーシップの進展したものとしているが，いうまでもなく，製販同盟は戦略的同盟の 1 つのタイプであり，そこには，それぞれ主体性をもった両者が存在する。言い換えれば，製造業と小売業による製販同盟は，小売業がその主体性を確立したことを暗に示すものだといえる。ただし，こうした同盟関係は，まさにwin-win 関係のうえでこそ成り立つものであり，それが満たされなければ，すぐさま解消されるという脆いものだという点に留意しておきたい。

3.　製販統合

　生産と流通の新しい捉え方として，次に，製販統合をあげることができる。その代表的なものとしては，矢作ほか［1993］によって示された生・販統合マーケティング・システム論がある。それは，生産と流通が何らかの形で統合的に把握されるとするものであり，対立や緊張関係として捉えられてきた生産と流通に対して，この統合関係の提示も，極めて大きな意味がある。

　しかし，彼らがいう「統合」は，基本的に垂直的マーケティング・システム（以下，VMS）論でいう統合と同じであり，その意味からすれば，生産と流通における垂直的な統合の具体的な姿をみせ，また，その理論的な裏付けを行ったといえる。そして，そこでは，統合に関する 3 つの類型が述べられている（矢作ほか［1993］16-17 頁）。

　まず，第一類型としては，メーカー直販型があげられている。これは，卸売機能はメーカーに内部化され，小売機能もメーカーの営業活動の延長線上にあるもので，具体的な商品例としては，自動車，ミシン，ベッドがあげられている。そして，第二類型としてあげられたのは，販社型である。これは卸売機能

は統合するが，小売機能は市場取引に依拠するもので，一部の合成洗剤やカメラがそれにあたる。最後は，販社拡張型といわれる第三類型である。これは小売機能については，契約や協力関係が構築されているもので。家電や化粧品がその具体例である。

　しかし，これらは，製造業の視点から類型化されたものであり，生産と流通の統合を「誰」が行うかという視点に立つなら，製造業主導，卸売主導，小売主導の統合をそこから見出すことができる。

　例えば，食品業界では，卸売主導で PB 商品の開発や開発輸入にみられる後方に向けた統合（生産統合）がなされ，小売店の直営，無店舗販売の実施，ボランタリー・チェーンなどの組織化によって前方に向けた統合（流通による流通統合）がなされている。また，スーパー，コンビニエンス・ストア，専門店等といった業態では，小売主導による統合が進んでいる。特に，小売業による PB 商品の開発や開発輸入は，後方統合（生産統合）そのものであり，その際には，同時に卸売機能も統合（流通による流通統合）される場合が多くみられる。

　このように生産と流通は，統合関係としてみることができるが，重要なことは，先に述べたように「誰」がその統合を図るかということであり，この点については，マーケティング論あるいは流通論で伝統的にいわれてきた VMS と同じように，製造業，卸売業，小売業の何れもが統合者となり得る。

第4節　生産，流通，消費の一体化

1．e-SCM

　周知のように，近年における情報化は，ますますその勢い加速しており，その結果，それが，生産，流通の一体化を超え，消費にまで及ぶという考え方を生むこととなった。

　そうした中，情報システムという点を前面に出した e-SCM という概念が山

下ほか［2003］によって提示された。それは，生産（サプライヤー・システム）におけるSCMと流通（ディーラー・システム）におけるeビジネスを包括するだけでなく，消費までも組み込んでその一体的把握を試みたものである。

e-SCMはこれまでと同様に生産と流通を分け，さらに，それがB to B＆Cを意味するものだとしていることから，一般的なBとCの区分の上に立つ概念である。そして，その最大の特徴は，Cを潜在的な組織参加者として位置づけ，その取り込みを意図しているところにある。生産と流通に関するこれまでの議論は，あくまでも，両者の関係に留まっていたが，e-SCMでは，少なくともそれを消費にまで視野を拡大したのであり，その意味において，このe-SCM概念は画期的といえる。

しかし，このe-SCM概念に問題がないわけではない。第1に，消費者を潜在的組織参加者として扱うことである。e-SCMでは，消費者を潜在的組織参加者として見なすが，それは，消費者を一種の経営資源と捉え，従業員の如く管理操作の対象とすることを意味しており，はたしてそのことを消費者が許容するのか，また，そもそもそうした考え方それ自体に問題はないのか。第2に，e-SCMが依拠するのは無機的情報に過ぎないことである。e-SCMが念頭に置いている情報はPOS情報であり，それは単なる無機的情報でしかない。むしろ，今後は，消費者との相互作用関係に基づく有機的情報に焦点をあてるべきではないか。

そして，これらのことは，生産と流通が消費をどう捉えるかの問題と深く関わっており，その意味において，e-SCMが結果として排除してしまう，主体的消費，有機的情報について，改めて考える必要がある。

2. 消費起点の流通・生産システム

以上みてきたように，生産と流通は，対立から協調，そして，統合へとその関係を移行させ，さらには，統合の範囲を消費にまで拡大させてきた。

しかし，この「生産，流通，消費の一体化」は，消費を統合の対象とするものであり，流通やマーケティングの考え方とは馴染まない。消費あるいは消費者は，流通やマーケティングにとって努力対象であり，決して，管理操作すべ

きものではない。そして，このように考えるところにこそ，新しい生産，流通，消費の関係を考える糸口があり，本章の冒頭で述べたS-Dロジックの考え方がその突破口となる。

　そこでまず，これまで本章で述べてきた生産，流通，消費の関係を単純化し，そのうえで，消費を起点とする新しい生産，流通，消費の関係を提示する。

（1）これまでの生産，流通，消費の関係

　まず，生産と流通の対立関係は，生産による流通介入に対して，流通がその産業化を図ることで生まれた関係といえる（図表15-1の(1)）。続いて，生産と流通は，両者の関係を一体的に捉える協調，そして，統合へと向かった（図表15-1の(2)）。しかし，製販同盟に典型的にみられた協調関係については，長期的に利害が一致することは難しく，その多くが解消されることとなった。また，統合関係は，もともとVMSでいう統合の考え方に基づいた企業間関係を具体化させたものであり，生産による流通統合，流通による生産統合の形がみられ，何れも，今日，多くの事例をみることができる。

　そして，最後が，e-SCMにみられる生産，流通，消費の一体化であり，これは，統合の範囲を消費にまで拡げたものである（図表15-1の(3)）。しかし，消費に対する管理操作的，受動的な解釈に対しては，少なからず疑問が残っている。

図表15-1　これまでの生産，流通，消費の関係

（1）生産，流通の対立　　（2）生産，流通の一体化　　（3）生産，流通，消費の一体化

協調，統合　　　　　　　　　　e-SCM

出所：筆者作成。

（2）新しい消費，流通，生産の関係－消費起点の流通・生産システム

　S-Dロジックは，購買後の消費プロセスに焦点を置く考え方であり，そのプロセスの中で企業と顧客が価値を共創し，その判断を顧客，すなわち，消費者

が独自に行うとするものである。こうした視点に立つなら，重要なことは，①企業はどのようにして顧客との直接的な接点（contact）を持ち，②どのようなコミュニケーション（communication）を相互に交わし，③どのような共創（co-creation）を経て，④顧客にとっての価値，すなわち，文脈価値（value-in-context）をどのようにして生み出すか，ということになり，これを価値共創の4Cアプローチという（村松［2015］164頁）。とりわけ，今日のICT（information and communication technology：情報通信技術）の急速な進展による社会のIoT（internet of things：モノのインターネット）化は，企業にとって顧客との接点づくりやコミュニケーションをより容易なものにさせている。

そして，これをマクロ的に表現するなら，生産も流通も消費に同時適応するということであり，すべての生産と流通は，消費を起点として行われるということである。ただし，ここで留意しておきたいことがある。それは，消費を起点とするというのは，消費者の購買を起点とするということではなく，あくまでも消費プロセスで展開される企業と消費者による共創そのものを起点とするという意味である。

これまで，われわれの経済は，分離した生産と消費を前提にそれらを繋ぎ合わせるものとして流通を位置づけてきた。そして，流通を含む広義に生産を捉えるなら，少なくとも生産と消費は明確に区分される。何故なら，生産（流通を含む）は売り手として，消費は買い手として，市場での取引を通じてモノとカネを等価交換してきたからである。しかし，本章の冒頭で述べたように，今日，消費は生産に入り込み始め，他方，企業の関心が購買後の消費プロセスに置かれるようになってきた。すなわち，生産と消費の境は曖昧になりつつある。そして，改めて考えるなら，消費にとって最も重要なことは，市場での取引ではなく，購買したモノを使用・消費することにあり，消費プロセスにこそ大きな意味がある。生産，消費のゴールを円滑な市場取引に焦点を置いたこれまでの流通論，もしくは生産，流通，消費の関係は，今や考え直さなければならなくなってきた。

そして，その方向性こそが，消費プロセスへの生産，流通による相互作用的な同時適応に他ならず，それは，消費プロセスでの価値共創を意味している。

S-Dロジックは，消費という活動の中で価値は生まれ，判断されるとしたのであり，そこに共創という形で参画するのが，実は新しい生産，流通の姿なのである。

　以上みてきたように消費，流通，生産の関係を捉えるなら，それは，新たに「消費起点の流通・生産システム」と呼ぶことができる（図表 15-2）。そこでは，生産も流通もすべて消費に規定されていくことになる。そして，そのイメージは，サービスにおける生産と消費の同時性に近いと考えられる。つまり，消費プロセスに同時適応する中で，サービスに伴うモノの流通と生産への関与が起こり，その結果，流通も生産も消費に依存するということである。流通も生産もその態様はすべて消費に同時適応する中で決まっていくのである。それ故，流通，生産にとって最も重要なことは，どのように消費との直接的な接点を持つかということであり，そこから，新しい消費起点の流通・生産システムが構築されていく。

図表 15-2　新しい消費，流通，生産の関係

消費起点の流通・生産システム

出所：筆者作成。

第5節　おわりに

　本章では，これまでの生産，流通，そして，消費の関係を振り返りながらも，それらとは，まったく異なる新たな「消費起点の流通・生産システム」を提示した。そこでは，むしろ，生産，流通，消費という区分の上にすべてがあると

214

いう考え方それ自体が無意味となる。

　伝統的に生産，流通，消費という経済活動に関わる議論は，3者が明確に区分されたうえで，それらの関係をみるものであった。しかし，新しい消費起点の流通・生産システムは，生産，流通がすべて消費に規定されるのであり，その意味は，消費プロセスに同時適応する中で，それに対応しようとするものの態様が決まっていくのであり，あくまでも，その結果として生産と流通が生まれ，さらに，必要に応じてそれらの組み合わせが決まってくる。

　そして，そのことを現実社会に落とし込んで考えるなら，言い換えれば，生産と流通を所与とするなら，明らかに優位な立場にあるのが流通である。何故なら，流通はすでに消費に接しているからである。その意味からすれば，今後，生産も何らかの方法で消費との直接的な関係構築を目指すもの思われ，短期的には，消費接点を巡る競争が繰り広げられることになる。

＜参考文献＞
　井上崇通・村松潤一編［2010］『サービス・ドミナント・ロジック−マーケティング研究への新たな視座』同文舘出版。
　松江宏編［2001］『現代流通論』同文舘出版。
　村松潤一［2009］『コーポレート・マーケティング−市場創造と企業システムの構築』同文舘出版。
　村松潤一編［2010］『顧客起点のマーケティング・システム』同文舘出版。
　村松潤一編［2015］『価値共創とマーケティング論』同文舘出版。
　矢作敏行・小川孔輔・吉田健二［1993］『生・販統合マーケティング・システム』白桃書房。
　山下洋史・村田潔・諸上茂登編［2003］『グローバルSCM—サプライチェーン・マネジメントの新しい潮流』有斐閣。
　Vargo, S. L. and R. F. Lusch［2004］"Evolving to a New Dominant Logic for Marketing," *Journal of Marketing*, Vol.68, No.1, pp.1-7.
　Webster, Jr. F. E.［1995］"The Changing Role of Marketing in the Corporation," *Journal of Marketing*, Vol.56, No.4, pp.1-17.

（村松　潤一）

索引

〈編著者紹介〉

井上　崇通（いのうえ・たかみち）

（現　職）　明治大学名誉教授

（専　攻）　マーケティング戦略論，消費者行動論

（主要著書）『サービス・ドミナント・ロジックの核心』（編著，同文舘出版，2021年）

　　　　　　『消費者行動論（第2版）』（同文舘出版，2018年）

　　　　　　『サービス・ドミナント・ロジックの発想と応用』（監訳，同文舘出版，2017年）

村松　潤一（むらまつ・じゅんいち）

（現　職）　岐阜聖徳学園大学経済情報学部教授

（専　攻）　マーケティング論，流通論

（主要著書）『北欧学派のマーケティング研究』（編著，白桃書房，2021年）

　　　　　　『ケースで学ぶ価値共創マーケティングの展開』（編著，同文舘出版，2020年）

　　　　　　『サービス社会のマネジメント』（編著，同文舘出版，2018年）

庄司　真人（しょうじ・まさと）

（現　職）　高千穂大学商学部教授

（専　攻）　マーケティング戦略論，サービス・マーケティング論

（主要著書）『サービス・ドミナント・ロジックの核心』（共著，同文舘出版，2021年）

　　　　　　『サービス・ドミナント・ロジックの発想と応用』（訳，同文舘出版，2017年）

　　　　　　『マーケティング論』（編著，白桃書房，2017年）

2015年4月5日　初版発行

2022年6月20日　初版9刷発行

2023年3月30日　第2版発行　　　　　　　　略称：ベーシック流通(2)

2024年3月25日　第2版2刷発行

ベーシック流通論（第2版）

　　　　　　　　　　　　井　上　崇　通

編著者　ⓒ　村　松　潤　一

　　　　　　　　　　　　庄　司　真　人

　　　発行者　　　中　島　豊　彦

発行所　同文舘出版株式会社

東京都千代田区神田神保町1-41　〒101-0051

電話　営業03(3294)1801　振替00100-8-42935

編集03(3294)1803　https://www.dobunkan.co.jp

Printed in Japan 2023

印刷：三美印刷

製本：三美印刷

装丁：志岐デザイン事務所

ISBN 978-4-495-64752-0